BÜZZ

© 2020 Buzz Editora

Publisher ANDERSON CAVALCANTE
Editoras SIMONE PAULINO, LUISA TIEPPO
Assistente editorial JOÃO LUCAS Z. KOSCE
Projeto gráfico ESTÚDIO GRIFO
Assistente de design NATHALIA NAVARRO
Revisão BEATRIZ GIORGI, VANESSA ALMEIDA

Dados Internacionais de Catalogação na Publicação (CIP)
de acordo com ISBD

B813g

　Braga, Rosana
　Gestos de gentileza: a grandeza que mora nas pequenas atitudes / Rosana Braga
　2ª ed. São Paulo: Buzz, 2020.
　160 pp.
　ISBN 978-65-86077-39-1

1. Autoajuda. 2. Gentileza. 3. Ser gentil. I. Título.

	CDD-158.1
2020-1272	CDU-159.947

Elaborado por Vagner Rodolfo da Silva CRB-8/9410

Índice para catálogo sistemático:
1. Autoajuda 158.1
2. Autoajuda 159.947

Todos os direitos reservados à:
Buzz Editora Ltda.
Av. Paulista, 726 – mezanino
CEP: 01310-100 São Paulo, SP
[55 11] 4171 2317
[55 11] 4171 2318
contato@buzzeditora.com.br
www.buzzeditora.com.br

ROSANA BRAGA

GESTOS DE GENTILEZA

a grandeza que
mora nas pequenas atitudes

APRESENTAÇÃO

Um ato de gentileza é sempre um carinho na alma, um presente não só para quem o recebe, mas, também – e especialmente –, para quem o oferece. E é justamente pelos inumeráveis e estimulantes ganhos que a gentileza nos acrescenta que vale tanto o investimento na prática.

Pois esta é a hora! Chegou o dia de reconstruir sua maneira de lidar com as circunstâncias, tornando-se, enfim, aquele que promove a mudança que sempre desejou ver no mundo. Afinal, ser capaz de responder a um ato de gentileza com outro ato de gentileza é simples e até esperado. Mas ser capaz de responder a um ato de provocação ou até de desrespeito com um ato de gentileza é comovente e de uma nobreza rara.

Este livro oferece formas simples e extremamente eficazes de transformar as situações conflituosas ou carregadas de agressividade em reais e altamente vantajosos atos de gentileza.

Porque, na maioria das vezes, bastaria que uma palavra fosse dita num tom mais amigável, um olhar fosse dado com maior atenção ou uma opinião fosse colocada com uma pitada a mais de delicadeza para que o enredo de uma história ganhasse um novo contexto – um final feliz.

A gentileza tem esse poder. Poder que tantas vezes não usamos. Subutilizamos. Desvalorizamos. Desconsideramos. Poder que nos elevaria ao patamar tão desejado dos relacionamentos altruístas e nutritivos, no qual tão bem se encaixam gostosas doses de respeito, compreensão, acolhimento e, por que não dizer, amor!

Mas para que a magia aconteça, é preciso compreender o que de fato significa ser uma pessoa gentil, até porque somente a autêntica gentileza é dona desse poder de gerar flores até mesmo onde despontam espinhos.

Lamentavelmente, já presenciei inúmeras pessoas defendendo a gentileza como um compromisso de agradar ao outro, ainda que isso possa significar um desrespeito consigo mesmas. Definitivamente, isso não funciona.

E agora, prestes a aprender tantas criativas e inovadoras formas de ser mais gentil, você precisa saber: para ser autêntica, a gentileza tem de ser primeiro um ato individual, posto que essa nobre atitude só cumpre seu destino quando atravessa quem a pratica no mais íntimo de seu coração.

Porque, apesar de não ter a menor dúvida da incrível aventura que você vai experimentar ao adentrar o contagiante universo da gentileza, também sei o quanto pode ser desafiador identificar a linha tênue que separa um ato gentil de um ato de violação da própria verdade, dos próprios valores.

Afinal, numa cultura em que se prioriza o desenvolvimento racional em detrimento do emocional, é compreensível termos dificuldade de sustentar o próprio sentimento quando ele não compactua com o sentimento ou a expectativa do outro.

Porém, quando uma pessoa faz por alguém o que, no mais fundo de sua essência, não gostaria de estar fazendo, isso absolutamente não é gentileza. Pode ser vontade de agradar, insegurança, medo de não ser amado, falta de autoestima, dificuldade de se posicionar, fuga de conflito, enfim, qualquer coisa, exceto gentileza.

E quando essa dinâmica distorcida prevalece, a boa intenção deforma o suposto gentil, colocando-o no degradante lugar de "bonzinho", "bobinho" ou – pior ainda – "manipulador". Enfim, um terrível engano contra si mesmo e contra o mundo.

Assim, este livro é, antes de mais nada, um convite para que você pratique a gentileza de ser cada vez mais genuinamente você, da forma mais leve, gostosa e íntegra possível. Um convite para que você se permita uma reforma íntima que vai engrandecer as suas relações e fazê-lo experimentar muito mais bem-estar e felicidade.

Deixe-se ser arrebatado pelo poder da gentileza. E, acima das expectativas, apenas lembre-se de se manter firme e suave. Isso mesmo, firme e suave. Com firmeza e suavidade, toda escolha se torna assertiva e agradável.

Ao ser mais gentil, você transforma a sua história num legado de alegria e prosperidade, e cria ao seu redor um mundo de abundância e amor.

Ótima leitura, e espero que nos encontremos num ato qualquer de autêntica gentileza pelo mundo afora!

INTRODUÇÃO

No fim das contas, sem querer desmerecer as dificuldades de ninguém, está cada dia mais evidente e provado pela ciência: a vida é, sob o ângulo mais significativo, aquilo que a gente acredita.

Ou seja, se boa ou ruim, vai depender de com que comprometimento e entrega você a vivencia. Com que disposição você a transforma. Com que gentileza você a trata.

Porque será com essa mesma gentileza que certamente você se sentirá tratado. Por fim, a sua vida é reflexo de com que olhos você a enxerga.

Essa reflexão lembra um conto judaico sobre dois estudantes de Maggid de Mezheritz que foram falar com seu mestre.

– Rabi, temos um problema. Está escrito no Talmude que devemos agradecer tanto pelos dias bons como pelos maus. Como isso pode ser possível? Que significado terá a nossa gratidão se ela for igualmente repartida entre o bom e o mau?

Ao ouvir a pergunta dos seus discípulos, o Maggid respondeu:

– Vão até Anapol e procurem o rabino Zusya. Ele terá a resposta que procuram.

Os estudantes puseram-se a caminho e, depois de dois dias de viagem, chegaram finalmente à Anapol. Na mais pobre rua da vila, entre duas pequenas casas, encontraram uma modesta cabana praticamente em ruínas.

Lá dentro o rabino Zusya estava sentado lendo um livro, iluminado por uma faixa de luz que entrava pela única janela da habitação. À sua volta, havia somente uma mesa, três cadeiras e uma estante carregada de livros.

Ao ver que tinha visitas, o velho rabino ergueu os olhos:

– Sejam bem-vindos! Desculpem-me por não levantar, mas tenho umas dores terríveis nas pernas. Querem comer alguma coisa? Só tenho um pedaço de pão e também um pouco de água...

– Não, obrigado. Viemos somente para lhe fazer uma pergunta. O Maggid de Mezheritz nos disse que o rabi Zusya poderia nos explicar por que razão o Talmude diz que devemos agradecer tanto os dias bons como os maus.

O velho rabino sorriu e abanou a cabeça com ar intrigado:

– Eu? Não faço a mínima ideia de por que é que o Maggid de Mezheritz mandou vocês perguntarem isso a mim. Afinal, eu nunca tive um dia mau na minha vida. Todos os meus dias são sempre cheios de milagres.

Minha ideia não é analisar ou discutir sob quais condições materiais devemos viver para que sejamos agraciados com essa sensação maravilhosa que tinha o rabino Zusya sobre sua própria vida, mas me parece que não é preciso tanto esforço de análise ou discussão para concluirmos que a vida é mesmo um milagre que acontece diariamente.

Agora, concordarmos que a sua vida também é um milagre diário, vai depender fundamentalmente do nível de gentileza que você tem praticado.

Acredito que o destino de cada um seja resultado de suas escolhas e ações, mas não de uma forma matemática ou exata, já que não controlamos tudo e todos ao nosso bel-prazer.

Talvez seja mais prudente, então, dizer que nosso destino é consequência de uma sucessão interminável de eventos entrelaçados, um influenciando o outro, como se o Universo fosse uma gigantesca e perfeita engrenagem.

Porém, é fato que temos considerável influência e significativa responsabilidade sobre esses eventos, especialmente os que têm relação direta com nossas escolhas e atitudes.

Ao se interessar por este livro, é provável que você tenha criado a expectativa de que ele vai capacitá-lo a atitudes como mandar flores à pessoa amada, ceder seu lugar aos mais velhos, ligar para alguém especial só para lembrá-lo de seu amor, ou coisas do gênero. Faz sentido! Afinal, essas realmente são atitudes que demonstram gentileza. Mas o intuito primeiro deste conteúdo não é exatamente reforçar o que você já tem de bom ou facilitar o que já é fácil pelo próprio contexto, pois convenhamos, ter atitudes de gentileza com quem você gosta ou ser gentil para corresponder às exigências sociais e de uma boa educação é razoavelmente fácil para a maioria das pessoas. Precisa de pouco ou nenhum esforço.

Eu sei que, ainda assim, conhecemos alguns que não conseguem ser gentis nem nesses casos. E quanto a essas pessoas, penso que nem chegarão a prestar atenção num livro com esse tema.

A ideia, portanto, é, acima de tudo, despertar a sua gentileza nos momentos menos prováveis, quando ser gentil é tudo o que você (ou eu, ou a maioria das pessoas) não quer e tem vontade, pelo menos não num primeiro momento.

A ideia é prepará-lo para que, diante de uma crise, uma discussão ou uma dificuldade de comunicação, você consiga encontrar em si meios muito mais criativos, construtivos e positivos de lidar com a situação e com as pessoas envolvidas.

Para isso, trago dados, razões e justificativas bastante sedutoras, e você certamente terminará convencido de que praticar a gentileza realmente vale muito a pena. E embora suas relações tenham muito a ganhar com essa percepção e com essa nova postura gentil em vez de reativa e irritadiça, que fique bem claro que exercitar a gentileza não faz desaparecer de sua vida os desafios de relacionamento, as divergências de comunicação, os sentimentos ruins como raiva e intolerância ou conflitos internos.

Explico por que: todos os sentimentos fazem parte do complexo universo humano e, por mais que duvidemos, da própria construção da felicidade que tanto desejamos. Mas posso te garantir que a prática constante da gentileza vai transformar seus resultados. Vai revelar, diante de seus olhos, um novo mundo, uma nova consciência.

Além disso, você precisa saber que a gentileza faz muito bem à sua saúde física, emocional, espiritual, profissional e, certamente, até a financeira. A gentileza é poderosa! É capaz de abrir portas até então trancadas a sete chaves ou completamente desconhecidas. É capaz de iluminar cavernas e amolecer pedras. Enfim, a gentileza faz milagres, meu caro. Pode apostar!

As estatísticas comprovam. Uma pesquisa realizada na Universidade da Califórnia pela professora Sonja Lyubomirsky,[1] especialista no assunto felicidade e autora de diversos livros sobre o tema, mostrou que as pessoas são mais felizes quando são gentis. E mais: que uma variedade de atitudes gentis gera mais felicidade do que repetir várias vezes um mesmo gesto gentil.

Segundo Sonja, "nas relações de trabalho e nas interações que realizamos, dificilmente sobreviveremos (e seremos felizes e realizados em nossos objetivos e sonhos) se não desenvolvermos continuamente nosso potencial de gentileza e nos tornarmos agentes multiplicadores". Ou seja, o resultado dessas pequenas ações vai além do que os olhos podem ver.

Outro estudo, publicado na revista *Proceedings of the National Academy of Sciences*,[2] comprovou também que a gentileza é contagiante, simplesmente porque desencadeia uma sensação enorme de bem-estar. "Quem se beneficia de um ato de gentileza passa adiante a gentileza para pessoas que inicialmente não estavam envolvidas no ato", declararam. A generosidade de uma pessoa se espalha para três outras pessoas e, em seguida, para nove pessoas com as quais essas três interagiam e assim por diante.

Essa foi exatamente a ideia que inspirou o aclamado filme *A corrente do bem*, em que um menino de apenas 11 anos foi estimulado por um professor de estudos sociais a pensar numa forma de mudar o mundo. Ele decidiu ajudar a mudar a vida de alguém fazendo um favor realmente significativo a essa pessoa, e pedindo que em troca ela fizesse o mesmo por outras três pessoas.

O ato foi tão bem recebido e transmitido pelas pessoas beneficiadas, que em poucas semanas percorreu centenas de quilômetros entre Las Vegas, onde ele morava com a mãe, e a Califórnia, despertando a curiosidade de um repórter que percorreu o fio da gentileza até chegar no autor da fabulosa e nobre ideia.

No Brasil, temos a história real e inspiradora do Profeta Gentileza, de quem detalho os passos e as intenções no sexto capítulo do meu livro *O poder da gentileza*. Seu mote ainda é repetido por milhares de brasileiros, mesmo que muitos não conheçam a fonte da célebre assertiva: "Gentileza gera gentileza".

Quando disse que a gentileza influencia também diretamente a sua saúde profissional e financeira, não estava sendo subjetiva. Obviamente, não se trata de transformar a gentileza numa moeda de troca, mas terminam sendo inevitáveis os benefícios propiciados por essa conduta também no âmbito profissional e, portanto, financeiro. O fato é que as empresas têm valorizado cada vez mais os colaboradores, atendentes, vendedores e gestores que sabem promover a conciliação, ter uma comunicação não violenta e uma atitude positiva e proativa diante das dificuldades.

Profissionais que tumultuam o ambiente de trabalho, que não sabem trabalhar em equipe ou se comunicar de modo claro, são convidados a deixar a empresa na primeira oportunidade. O mercado é cada vez mais exigente, e para vencer a concorrência só existe um caminho: atingir a excelência, especialmente na fidelização dos clientes. Enquanto consumidores, podemos perceber que deixamos uma marca ou um serviço de lado – e ainda fazemos críticas a eles – quando somos atendidos sem gentileza e respeito. Entretanto, enquanto empresas, muitas vezes os gestores demoram a compreender que se não investirem urgente e constantemente no treinamento da gentileza de sua equipe, rapidamente perderão lugar para aquelas que investem.

Aliás, uma pesquisa feita pela *US News and World Report*[3] revelou os motivos pelos quais as empresas perdem seus clientes. Ao contrário do que muitos pensam, o valor do produto ou serviço é menos levado em conta (apenas 9%)

do que a qualidade desse produto (14%), e a qualidade do produto, bem menos que a qualidade do atendimento (68%), conforme mostram os números.

Isso mesmo: sete a cada dez clientes deixam de dar lucro a uma marca ou serviço porque ficaram insatisfeitos com a atitude de pessoas e com a qualidade do tratamento que receberam. Ou seja, ninguém gosta de ser maltratado, muito menos quem está pagando. E é importante lembrar que essas pessoas não só abandonam o tal fornecedor desprovido de gentileza na primeira oportunidade, como também fazem questão de avisar ao maior número de pessoas para não se tornarem clientes dele.

A Manager Assessoria em Recursos Humanos, empresa dedicada à captação de profissionais, entrevistou 132 principais executivos de RH de empresas com mais de mil funcionários em todo o Brasil e questionou: "O que mais conta na hora da contratação de um colaborador?". E o resultado foi categórico: conhecimento técnico e comportamento.[4] E note: ficou claro que, com bom conhecimento e mau comportamento, o profissional é facilmente descartado, enquanto que com um comportamento extraordinário, mesmo sem conhecimento suficiente, pode ser contratado e treinado.

A falta de gentileza não afeta uma carreira ou uma empresa somente no momento da contratação. Sabemos que em qualquer organização existem problemas a serem resolvidos o tempo todo. O que determina o sucesso ou o fracasso de cada uma é o modo como lidam com esses problemas. As que estão atentas ao ambiente, sempre promovendo harmonia, integração e motivação, certamente estarão muito menos sujeitas aos prejuízos causados por afastamentos, faltas, absenteísmo e *turnover*. Ou seja, com o tempo de trabalho perdido quando os empregados não estão na empresa ou produzindo tanto quanto poderiam se estivessem bem consigo mesmos!

O maior problema é que muitos administradores e presidentes de empresa ainda compreendem, equivocadamente, a gentileza por um viés romântico ou meramente filosófico, no sentido da reflexão sem eficácia. Mas a verdade é que ser gentil deixou de ser "artigo de luxo", para se tornar requisito fundamental na postura de todos, tanto fora como dentro de uma empresa. E que a filosofia e a reflexão, quando compreendidas como ferramentas de transformação e conhecimento, podem ser altamente eficazes.

Uma matéria publicada no site da revista *Exame* sobre os quatro principais motivos pelos quais uma empresa demite seus colaboradores revela que "problemas comportamentais são os campeões". De acordo com o coach Homero Reis, "por incrível que pareça, é o dado número 1". Isso acontece, explica ele, porque a manutenção da relação de trabalho depende diretamente da qualidade dela. "O profissional pode ser ótimo do ponto de vista técnico, mas se ninguém conseguir conviver com ele na empresa, ele não vai ficar", diz Reis.[5] Porém, mais do que garantir estabilidade ou sucesso profissional, a gentileza é fator determinante para aumentar o lucro das organizações. Ou seja, empresas e colaboradores que não conhecem ou ainda duvidam do poder da gentileza estão fadados, senão ao fracasso, certamente à estagnação ou à falta de sucesso.

No que se refere aos afastamentos, improdutividade ou absenteísmo, não é difícil supor que empresas gentis, no sentido amplo e irrestrito da palavra, propiciam – direta e indiretamente – mais saúde física e emocional aos seus funcionários, evitando, inclusive, pedidos de demissões de profissionais em busca de uma empresa mais saudável para a qual possam oferecer a qualidade diferenciada de seu trabalho.

Ao contrário, empresas que não sabem valorizar nem reconhecer seus colaboradores e que não priorizam a gentileza no atendimento interno e externo terão não só evidentes problemas para manter parcerias, concretizar negócios e conquistar o mercado, como também para manter a saúde, inclusive financeira, de seu sistema produtivo.

É realmente lamentável constatar que os dados não têm sido nada promissores. No site do Ministério do Trabalho consta que, em 2017, mais de 178 mil trabalhadores foram afastados por conta de transtornos mentais e comportamentais.[6] Segundo a enfermeira e especialista em saúde mental Virgínia Rozendo de Brito, boa parte desse adoecimento tem ligação com o ambiente de trabalho e com as condições apresentadas pelo empregador ao funcionário. "É imprescindível a criação de ambientes saudáveis, que proporcionem qualidade de vida ao trabalhador. Mesmo com a tecnologia, que em alguns anos absorverá algumas funções, grande parte das atividades laborais é realizada por seres humanos, não robôs. Ter um espaço sadio faz toda a diferença em relação a esses transtornos, uma vez que vivemos em um ritmo de vida adoecedor – com cobranças e pressões. O fato de não pensarmos no ambiente de trabalho pode causar um agravamento nos casos e, assim, déficit econômico e colapso social", afirma.[7]

Dados do sistema Smartlab, do Ministério Público do Trabalho, apontam para uma situação ainda pior quando se trata de advogados e promotores. Alarmantes 30% dos afastamentos de advogados entre 2012 e 2018 aconteceram por decorrência de transtornos mentais e comportamentais. Entre os procuradores, esse também foi o principal motivo em 60% das licenças médicas.[8] Ou seja, a área que deveria garantir a justiça no nosso país está sofrendo significativamente por falta de gentileza e, por que não dizer, humanidade nos corredores dos tribunais e nas salas que deveriam ser de conciliação. "Tem muita gente doente na justiça brasileira", conclui Sandra Krieger, presidente da Comissão de Saúde da OAB em matéria publicada no site do Ministério do Trabalho em 2018.[9]

Comparativa e lamentavelmente, podemos constatar as consequências da falta de gentileza quando observamos que a Previdência Social já mostrava, em 2006, que as duas principais causas de afastamento nas empresas eram stress e depressão. Naquele ano, o número de afastados foi de 612 pessoas. Em 2009, subiu para 14 mil. E, mais recentemente, dados revelam a vertiginosa subida para 178 mil casos em 2017. Se isso não for preocupante, se esses dados não servirem para alertar os gestores de que algo precisa ser feito para despertar em seu pessoal uma nova forma de se relacionar e de viver, não consigo imaginar onde vamos parar.

E quer saber quanto isso custa aos donos das empresas? Basta fazer contas. Vamos supor que, numa organização, duas pessoas sejam afastadas durante quinze dias por questões de saúde. Uma por conta de uma depressão e a outra por causa de uma crise de hipertensão. Ambas estão, muito provavelmente, com problemas de relacionamento e comunicação, e não seria nada surpreendente se acreditássemos que esses problemas afetam também o ambiente corporativo. É possível que, com um pouco mais de gentileza, esse quadro poderia ser visivelmente melhorado.

Mas voltando ao raciocínio matemático, o fato é que, se os funcionários afastados trabalham oito horas por dia, serão dezesseis horas desperdiçadas por dia com os dois fora. Considerando que não trabalhem aos finais de semana, serão 160 horas jogadas no lixo ao final da segunda semana. Dinheiro deixado de ganhar. Tempo que não produziram. Mas não é só isso: a empresa terá de pagar o salário e também os encargos desses funcionários como se estivessem trabalhando. Quanto isso significa de perda em dinheiro? E em resultados? Qual o tamanho do prejuízo? Certamente, grande! E nem começamos a falar naqueles que estão na empresa, mas, além de produzirem aquém do que poderiam se estivessem motivados, integrados e se sentindo num ambiente acolhedor, ainda causam conflitos entre os colegas por pura falta de gentileza. Enfim, creio que não existam mais dúvidas de que a gentileza é determinante na produtividade e no lucro das empresas.

Tom Peters, considerado guru de administração de empresas desde a década de 1970 e coautor do livro *Vencendo a crise* (Harper Row, 1982), foi muito pontual ao enfatizar que uma empresa pode fazer uma tonelada com matéria-prima, mas o interessante é ter uma proposta de valor agregado diferente. "Toda empresa deveria ter um diretor de experiência", aconselha Peters, defendendo que a coisa mais dura e duradoura são os relacionamentos e os nossos clientes, por isso a importância da execução com excelência. "Execução são as pessoas. Se você executar bem, já ganhou dos outros. Sou louco por execução", declarou. Para ele, as empresas só existem por um único motivo: prestar serviços. E isso vale para uma igreja, um hospital, uma loja e para todo mundo. "O caminho para a maximização do lucro é uma atitude decente". O especialista garante que as simples cortesias são a base da satisfação e retenção de clientes e funcionários. Ele diz que, como líder, você precisa dedicar a sua carreira para o desenvolvimento de 100% das pessoas no seu cargo. "Você saberá que está tendo sucesso quando puder ver que eles estão comprometidos com a excelência em tudo que fazem". Dessa experiência, Peters listou as seguintes lições:

1. A qualidade das interações positivas pode ser mais memorável do que o problema.
2. Funcionários felizes, clientes satisfeitos.
3. Fazer a coisa certa gera qualidade.
4. A gentileza é de graça e dá lucro.

Sim, foi o que ele disse! A gentileza é de graça e dá lucro! Por essas e outras, termina me parecendo fácil fazer comparações. Entre a conciliação e a discussão, ou entre a gentileza e a agressividade, as duas opções podem nos conduzir a alguma mudança, mas o preço pago pelas discussões e agressividade é extremamente mais alto do que o pago se a mudança for propiciada a partir da conciliação e da gentileza.

Leonardo Boff, teólogo que levanta a bandeira da gentileza com maestria, muito bem avisou, em seu livro *Direitos do coração: como reverdecer o deserto*: "Ou seremos gentis e cuidantes ou nos entredevoraremos". Eu arriscaria dizer que temos perdido ótimas oportunidades de cuidarmos uns dos outros e, assim, já estamos nos entredevorando, muitas vezes. E pagando o preço por isso!

Se o exercício da gentileza não fosse tão urgente, certamente não movimentaria tanto conteúdo e tanto apelo. Vivemos um tempo de profundas contradições e, ao mesmo tempo, de profundas transformações. Se, por um lado, fizemos avanços inimagináveis na área da medicina e da tecnologia nos últimos 50 anos, por outro, muito pouco conseguimos acompanhar no quesito amadurecimento emocional e afetivo. Ainda brigamos pelas mesmas mesquinharias do início da nossa história. E o que é pior: de forma mais escancarada, por conta da mídia e dos meios de comunicação, e mais prolongada, já que a medicina tem nos garantido uma expectativa de vida cada vez maior. Aí fica a grande reflexão: se morreremos mais e mais tarde e, paralelamente, segundo a Organização Mundial da Saúde,[10] a expectativa também é a de que sofreremos mais e mais dos distúrbios mentais, afetivos e comportamentais, como ansiedade, stress, depressão, entre outros, o que faremos? De que forma viveremos? Com que qualidade? Com que satisfação e bem-estar?

Estou certa de que ninguém pretende viver 100 ou 110 anos amargando tristezas, irritações e desafetos. Portanto, é hora de se mexer e fazer algo para tornar essas expectativas mais empolgantes e convidativas.

O fato é que somos seres duais. Luz e sombra. Bondade e maldade. Gentileza e agressividade. Talvez fosse mais justo criar uma metáfora nos colocando como "terra fértil, onde em se plantando, tudo dá". Ou seja, a doçura ou a agressividade vai brotar dependendo da semente que plantamos, do adubo que usamos e das fontes que buscamos para nos nutrir. Eis que fica, então, a reflexão: quais têm sido nossas fontes? Com quem e de que forma temos convivido? Qual a profundidade das nossas relações? O que temos aprendido com nossas experiências? Com que coragem nos expomos à intimidade e ao amor? Com que segurança praticamos atos de gentileza?

Recentemente lançado, o filme espanhol *O Poço*, mostra o lado escuro do comportamento humano. Trata-se de uma ficção em que existe uma instituição penal constituída de mais de 300 níveis verticais chamada "O Poço". Em cada nível, vivem duas pessoas que não precisam fazer nada além de garantir sua alimentação. E essa alimentação acontece através de uma mesa repleta de pratos deliciosos e extremamente bem preparados no nível 0. Essa mesa desce do nível 0 para o nível 1, depois de certo tempo ela vai para o 2, em seguida, para o 3 e assim por diante. Os níveis superiores podem comer bem, mas, à medida que a mesa desce para os níveis mais baixos, a comida vai se tornando escassa e os pratos chegam completamente degradados pela voracidade, gula, desespero ou medo, daqueles que foram servidos anteriormente, de passar fome.

Embora o filme busque retratar simbolicamente a nossa sociedade atual, em que os mais privilegiados não se preocupam com os menos abastados, o que fica evidente é o egoísmo que passa a gritar em cada um a fim de garantir sua própria sobrevivência. O fato é que haveria comida suficiente para todos, desde que cada um comesse apenas o suficiente. A ideia fica ainda mais interessante uma vez que os habitantes do Poço são mudados de nível a cada trinta dias, e essa mudança pode ser para baixo ou para cima, o que coloca todos à mercê da abundância e da miséria em algum momento de suas "penas". Porém, ainda assim o famoso "salve-se quem puder" impera, e as pessoas passam fome num nível desesperador muito maior do que seria necessário se houvesse a prática da gentileza e a consciência de que somos todos um.

Na mesma época, outro que também retrata a reação de presidiários, agora numa instituição mais parecida com a tradicional, é o filme *O Milagre da Cela 7*. Ao contrário do filme anterior, neste podemos constatar como o amor e a compaixão entre os habitantes da cela são capazes de transformar a vida de um inocente e sua família. Felizmente, voltamos às sementes, às fontes nas quais nos nutrimos.

Isso me lembra uma história que ouvi certa vez sobre um discípulo que foi buscar seu mestre para entender como ele poderia lidar com seus conflitos internos, sendo gentil mesmo quando sentisse raiva ou vontade de se vingar. E o sábio lhe respondeu:

– Eu também sinto esse mesmo conflito. É como se dentro de mim existissem dois cachorros. Um deles é cruel e mau e o outro é muito bom. E os dois estão sempre brigando.

– E o que o senhor faz? Qual dos cachorros ganha a briga?

O sábio parou, refletiu e respondeu:

– Aquele que eu alimento mais e melhor!

Felizmente, muito já tem sido feito para que o nosso cachorro bom seja bem alimentado. Podemos começar citando a descoberta de que só estamos aqui por causa da gentileza praticada em tempos remotos. Trata-se de uma teoria chamada de "sobrevivência do mais gentil", segundo a qual foi graças à gentileza que a espécie humana prosperou. O professor Sam Bowles, do Instituto Santa Fé, nos Estados Unidos, analisou sociedades antigas e verificou que a gentileza era componente fundamental da sobrevivência das comunidades. "Grupos com muitos altruístas tendem a sobreviver, já que cooperam e contribuem para o bem-estar dos outros integrantes da comunidade", afirma Bowles em seu livro *A cooperative species* (ainda sem tradução no Brasil).

Pessoas e empresas pelo mundo todo têm se organizado para transformar a gentileza em ações concretas e resultados promissores. E tem dado certo! O World Kindness Movement (WKM), ou Movimento Mundial pela Gentileza, é um ótimo exemplo disso. A ideia nasceu numa conferência no Japão, em 1997, quando os responsáveis por aquele pequeno movimento já existente, criado pelo reitor da Universidade de Tóquio, Seiki Kaya, fizeram a brilhante sugestão de compartilhar a gentileza com o mundo todo. Daí nasceu o movimento mundial, que foi oficialmente lançado em Singapura, no dia 18 de novembro de 2000, durante a terceira Conferência Mundial pela Gentileza. A missão do WKM, hoje com representação em 29 países, é inspirar ações individuais de gentileza e conectar nações para criar um mundo gentil.

Alguns dos países que já aderiram ao Movimento são Austrália, Canadá, Índia, Itália, Japão, Inglaterra, Nova Zelândia, Nigéria, Escócia, Singapura, Coreia do Sul, Tailândia,

Estados Unidos e Brasil, felizmente! Aqui, o movimento é representado pela Associação Brasileira de Qualidade de Vida (ABQV) desde junho de 2005. E desde então, outras parcerias já foram feitas com o intuito de encorajar as iniciativas que visam a construção de um mundo mais amável e justo. Às pessoas e empresas que quiserem fazer parte desta promissora rede, basta entrar em contato com o site do Movimento no Brasil,[11] e quem quiser conhecer melhor o Mundial, basta acessar Movimento Mundial pela Gentileza.[12] De atitude em atitude, podemos certamente mudar o mundo. Sem contar que, ao menos o nosso mundo já terá sido mudado para muito melhor.

Acredito piamente que quando a gente muda, o mundo muda. É outro, é novo, é melhor. E se, por um lado, compreendo perfeitamente caso você não acredite em minhas palavras ou nesse poder todo que estou atribuindo à gentileza, por outro desafio você a ir mais longe. Apenas não acreditar, convenhamos, é medíocre. Qualquer um pode não acreditar pelo simples prazer de ser do contra. Portanto, mesmo não acreditando, ao menos tente. Esse é o meu convite, a minha provocação "do bem". Decida ser uma pessoa bem mais gentil, mais paciente, mais conciliadora... E depois me escreva para contar os resultados. Será um enorme prazer recebê-lo!

Gestos

1

USE A PASTA DE RASCUNHO

Sabe aquele dia em que você briga com alguém, seja em casa ou no trabalho, e tudo o que você mais deseja é falar poucas e boas para essa pessoa? Sente tanta raiva e indignação pelo que ela fez que gostaria de usar todos aqueles adjetivos "feios de se falar" por quem tem um mínimo de educação? Pois é... é hora de usar a pasta de rascunhos do seu aplicativo de e-mails ou do bloco de notas do celular. Se você prefere métodos menos tecnológicos, pode ser uma gaveta qualquer, de um móvel qualquer da sua casa, onde só você mexa. Explico: escreva tudo o que gostaria de dizer para esse fulano! Xingue, seja mal-educado, não poupe palavras e não tenha pena do sujeito. Seja duro. Acabe com ele! Tenha a sensação de que ele nunca leu tantas verdades como vai ler agora. E depois, atenção: não mande! Guarde na pasta de rascunhos ou numa gaveta. O ato de escrever vai permitir que você desabafe e relaxe. Depois de três dias ou uma semana, dependendo do tamanho da indignação, volte lá e leia o que você escreveu. Vai se dar conta de que exagerou por conta da raiva. Talvez ria de si mesmo e fique bem feliz por não ter mandado. Certamente, terá evitado grandes estragos!

REFLITA

A arte da conversação não é dizer a coisa certa na hora certa, mas deixar de dizer a coisa errada em um momento tentador.
DOROTHY NEVILL

2

DÊ UM CRÉDITO

Sabe aquele dia em que você acorda, sai para resolver seus compromissos e tem a nítida sensação de que deveria ter ficado em casa, dormindo? *Definitivamente*, você pensa, *este não é o "meu dia"!* Tudo o que gostaria é de não ter que resolver problemas nem manter as aparências com ninguém. Pois é... saiba que você não é o único "privilegiado". Todos nós experimentamos dias assim. E é justamente nesses dias que tudo o que gostaríamos é que nos dessem um desconto ou, melhor ainda, um crédito. Que esperassem nosso mau-humor passar e pegassem leve. Então, faça o mesmo quando se deparar com uma situação em que uma pessoa for grosseira com você do nada, sem motivos. Dê um crédito a ela. Pense: *bem, hoje não deve ser o melhor dos dias para ela, então, vou deixar passar, vou relevar!* E assim, certamente estará praticando a gentileza e evitando aborrecimentos desnecessários!

REFLITA

---

*A paz não é uma dádiva de Deus às criaturas;
é a nossa dádiva uns aos outros.*
ELIE WIESEL

3

FALE MAIS BAIXO

Já reparou que os casais apaixonados falam bem baixinho, quase ao pé do ouvido, durante a maior parte do tempo? Também já reparou que, ao contrário dos apaixonados, pessoas em crise gritam horrores durante uma discussão, como se o outro estivesse a pelo menos dois quilômetros de distância? Ou seja, não é o volume da sua voz, mas a intenção com que você diz. Gritos significam apenas "colocar mais lenha na fogueira", quando o ideal seria deixar o fogo abrandar. E aí se torna aquela disputa de quem consegue falar mais alto. Resumindo: ninguém escuta ninguém e a situação vira um furdunço. Quando você estiver num cenário como esse, use sua inteligência emocional e comece a falar mais e mais baixo. Vá controlando seu tom de voz até que a pessoa perceba que terá de parar gritar para conseguir te ouvir ou, senão, terminará falando sozinha. No final das contas, você vai economizar uma energia preciosa e ficar com o mérito de ter conseguido recuperar o equilíbrio. Sanidade acima de tudo, para todos!

REFLITA

Às vezes é preciso estar em silêncio para ser ouvido.
PROVÉRBIO SUÍÇO

4

ESCUTE MELHOR

Durante algum tempo de minha carreira como escritora e psicóloga, tratando dos temas "relacionamento e autoestima", insisti que não existe melhor maneira de resolver um conflito do que conversando. Mas terminei descobrindo, com meus próprios clientes e pacientes, que pela palavra "diálogo" entendia-se, sobretudo, falar. Acontece que só falar, embora já seja um ótimo começo, resolve bem pouco. Muito mais eficiente do que só falar é se dispor a escutar o que o outro tem a dizer. Ouvir com o coração aberto e a intenção visível de solucionar o problema. Afinal, só quando compreendemos o que o outro está pensando e sentindo é que podemos tomar uma atitude mais certeira. Note que estou sugerindo que você escute "melhor" e não "mais". O que conta é a qualidade da escuta. Escutar ignorando, fazendo outra coisa, sem olhar nos olhos, é péssimo e só piora a situação, fazendo com que o outro se sinta totalmente desconsiderado. Escutar fingindo, sem realmente dar atenção, também é lastimável, porque a pessoa termina percebendo que você não se envolveu e que ela foi tratada como se não tivesse a menor importância. Escutar seletivamente é típico dos casais em crise ou de colaboradores que só fazem o que querem. Já escutar com atenção é muito bom, mas existe uma qualidade de escuta ainda melhor: a empática. A escuta empática é aquela em que você consegue se colocar no lugar do outro enquanto ele vai falando sobre o que pensa, sente e quer. Esta, sim, faz com que a pessoa se sinta acolhida e compreendida, e possibilita a você uma mudança de atitude que faz toda a diferença!

REFLITA

O primeiro dever do amor é escutar.
PAUL TILLICH

5

VALORIZE O QUE A SITUAÇÃO E O OUTRO TÊM DE BOM

Quando estamos em crise com uma pessoa, tendemos a implicar com tudo o que ela faz e fala. Nosso filtro se torna extremamente crítico e fica bem complicada a convivência. Do mesmo modo, quando estamos vivendo uma situação difícil, tendemos a somente lamentar os acontecimentos. Porém, assim como não cansamos de repetir que todo mundo tem defeitos, também precisamos reconhecer que todo mundo tem qualidades, queira você acreditar ou não. Além disso, nada na vida é somente ruim. Sempre podemos aprender algo de bom com uma crise. Isto é, essa pessoa que tanto tem te incomodado tem qualidades, sim. E essa situação que tanto tem lhe roubado a tranquilidade pode te ensinar algo de positivo, com certeza. Para enxergar, basta tomar consciência dessa lei universal e ficar atento. Quando você coloca seu foco sobre o positivo, fica muito mais fácil superar as dificuldades e ser gentil!

REFLITA

---

*Pessimismo leva à fraqueza,
otimismo ao poder.*
WILLIAM JAMES

6

PEÇA DESCULPA E DESCULPE

Já ouvi algumas pessoas dizendo coisas do tipo: "Prefiro morrer a ter de pedir desculpas para fulano". Em geral, pessoas com crenças como essa carregam um orgulho maior do que si mesmas. E, sem se darem conta, muitas vezes, esse sentimento mesquinho e verdadeiramente pequeno as faz perder ótimas chances de resolver um ressentimento e retomar amizades e até amores. Que desperdício! Por mais que pareça frase de para-choque de caminhão, a verdade é que a vida passa muito rápido, e não vale a pena amargar seus dias com raiva ou soberba indefinidamente. Pedir desculpas ou desculpar alguém faz bem até para a saúde física, que dirá para a emocional. Afinal, você certamente vai se sentir mais leve, em maior sintonia com a vida, e até suas noites de sono se tornarão mais gostosas. Na verdade, desculpar-se traz uma noção fundamental de autoconfiança e, no ambiente profissional, especialmente, faz com que os líderes admirem a pessoa capaz de perceber seu próprio erro, gerando respeito, não vergonha. Ou seja, não perdoar o outro, não pedir perdão ou até mesmo não saber perdoar a si mesmo, é um equívoco gigantesco que prejudica principalmente você. Pense nisso!

REFLITA

---

*O ser humano deve desenvolver para todos os
seus conflitos um método que rejeite a vingança,
a agressão e a retaliação.
A base para esse método é o amor.*
MARTIN LUTHER KING JR.

7

NÃO REAJA IMEDIATAMENTE

Todos nós, quando somos criticados por alguém, tendemos a reagir imediatamente. Queremos nos defender e isso é muito natural. Tentamos justificar a atitude criticada ou tentamos negá-la, acreditando que a interpretação do outro é que está errada. Daí, para começar uma discussão é bem fácil e até provável. Mas, pior do que a própria briga, é a maravilhosa oportunidade que perdemos com essa atitude. Sim, perdemos a chance de nos tornar pessoas melhores, de dar conta de uma limitação nossa, de perceber que poderíamos ter agido de uma forma mais positiva e criativa. Portanto, da próxima vez que alguma atitude sua for criticada, antes de reagir, ouça, reflita, pondere. Quanto o crítico tem de razão? O que você pode aprender com o que ele está dizendo? E caso conclua que realmente não merecia tal acusação, estará muito mais centrado e preparado para uma conversa madura e proveitosa para ambos.

REFLITA

Podemos curar qualquer mal com dois remédios: o tempo e o silêncio.
ALEXANDRE DUMAS, PAI

8

DEMONSTRE INTERESSE
PELAS PESSOAS

Vivemos numa época em que tudo tem que ser para ontem. A maioria das pessoas está em clima de constante ansiedade e pressa, e, por isso, temos dado mais importância ao dinheiro e ao trabalho do que às pessoas. O resultado dessa dinâmica é que temos nos tornado mais solitários e experimentado mais vezes a sensação de que não temos alguém com quem podemos conversar e, principalmente, não temos alguém íntimo e confiável o bastante para esse nível de profundidade na relação e no diálogo. Tudo isso certamente contribui para transtornos como depressão, ansiedade, embotamento afetivo, queda da imunidade e, finalmente, as mais diversas doenças físicas e emocionais. Se quiser se destacar em qualquer ambiente ou vivenciar experiências riquíssimas, dê um pouco mais de atenção a alguém que lhe pareça estar precisando. Pergunte como está e ouça atentamente a resposta. Uma atitude extremamente simples como essa pode afetar de modo profundamente positivo tanto a sua vida como a da pessoa que for privilegiada por esse momento de humanidade que tem se tornado cada vez mais raro.

REFLITA

---

*Basta olharmos para algo com atenção
para que ele se torne interessante.*
EUGENI D'ORS

9

NÃO QUEIRA APENAS TER RAZÃO

Numa discordância, quem não deseja estar com a razão? Todos nós, ao entrarmos numa briga, queremos defender nosso ponto de vista e provar ao outro que estamos certos. Porém, na maioria dos casos, todo mundo tem a sua razão e, por outro lado, todo mundo poderia ceder um pouco mais a fim de evitar uma confusão completamente ineficiente e destrutiva. Note que não estou defendendo a tão usual prática de não lidar com as angústias que as relações provocam. É fundamental expor o que incomoda e ser autêntico para garantir não só aprendizado para todos como também o mínimo de sanidade e respeito em qualquer ambiente. Porém, quando uma pessoa está o tempo todo tentando se impor sobre as demais e se recusa a praticar a arte da conciliação, um outro extremo começa a desequilibrar os encontros e as intenções. Portanto, além de flexibilidade e bom senso, considerar a razão do outro também significa justiça. Ou seja, ponderar a situação, tentar compreender as diferentes opiniões e chegar a um acordo que seja razoável para todos nos permite incluir todos os ângulos da situação e deixá-la, no mínimo, bem menos tensa para os envolvidos.

REFLITA

---

*A vida é um banquete maravilhoso
e a maioria dos idiotas continua
morrendo de fome.*
Do filme *Auntie Mame* (1958)

10

O BOTÃO DA IRRITAÇÃO É SEU

Claro que quando nos sentimos irritados e alguém nos pergunta o que tem nos deixado nesse estado, temos a resposta na ponta da língua. Ou é por causa de alguém e suas atitudes irritantes ou é por conta de algum problema que insiste em não se resolver. Acontece que ficar irritado de vez em quando é humano, mas tem gente que faz da irritação seu fiel escudeiro. Vira vício. Passa praticamente a fazer parte da personalidade do sujeito, e nisso não existe nada de saudável. Se você anda irritado demais, pare e admita: o botão da irritação é seu. Você é quem está irritável demais. De nada adianta ficar dando nomes a quem você supõe ser seus irritadores. É você quem tem de fazer algo para recuperar sua tolerância e se tornar equilibrado o bastante para não se deixar irritar tanto. Acredite: excesso de irritação faz mal a todos que estão ao seu redor, mas principalmente a você mesmo!

REFLITA

Ninguém nos deixa com raiva. Nós mesmos nos deixamos com raiva quando perdemos o controle de nossas ações. O que os outros fazem é irrelevante. Nós escolhemos, não eles. Os outros apenas colocam nossa postura em teste.

JIM ROHN

11

APRENDA COM O INIMIGO

Certamente e infelizmente, já presenciamos e ainda presenciaremos, ao longo da vida, pessoas agindo de modo grosseiro, injusto e barulhento. Ou seja, pessoas atormentando... E também certamente nos virão, em determinadas circunstâncias, fazendo o mesmo. Quando somos espectadores dessas lamentáveis circunstâncias, podemos simplesmente criticar a atitude alheia e nos sentirmos mais maduros que os envolvidos. No entanto, bem melhor do que isso, podemos aprender a como não repetir os mesmos erros. Muitas vezes, os maus exemplos são mais impactantes que os bons, e quem está atento, compreendendo que a vida sempre nos dá sinais de como podemos evoluir, aproveita para observar, refletir e, se possível, até dar um toque à pessoa de que ela teria outro modo mais construtivo de agir. Essa é a verdadeira compreensão da sentença de que somos todos um!

REFLITA

Aprendi silêncio com os falantes, tolerância com os intolerantes, e gentileza com os rudes; ainda assim, estranho, sou ingrato a esses professores.
KHALIL GIBRAN

12

QUEM DECIDE COMO VOCÊ SE COMPORTA?

Aposto que você vai responder rapidamente que é você mesmo. Será? Imagine a seguinte situação: você chega à empresa em que trabalha e, ao passar pela recepção, diz "bom dia" à recepcionista, mas ela não responde. Você pensa: *acho que ela não escutou*. No dia seguinte, a cena se repete. Você pensa: *será que ela está chateada comigo?* No terceiro dia, a mesma coisa. Das duas, uma: ou você nunca mais cumprimenta essa pessoa ou chega nela, já com a tolerância alterada, e diz algo do tipo "qual é a sua? Por que você não me responde? Não tem educação, não?". Ou seja, termina deixando que o outro decida como você vai agir. Porque se a sua convicção lhe diz que deve dar "bom dia" a quem encontrar, deveria manter-se firme, ainda que o outro não respondesse. No entanto, a maioria das pessoas passa, infelizmente, bem mais tempo não agindo e sim reagindo ao comportamento do outro. Comece a mudar essa estatística e a colecionar os bons resultados! E no final das contas, se realmente quiser descobrir por que alguém não responde à sua gentileza, pode perfeitamente perguntar sem que seu humor ou tolerância estejam contaminados com suas conclusões precipitadas.

REFLITA

Tornando-se um consciente criador de escolhas, você começa a gerar ações que são evolucionárias para você.

DEEPAK CHOPRA

13

PESSOAS GENTIS TAMBÉM DIZEM "NÃO"

Muita gente termina, equivocadamente, concluindo que ser gentil é estar sempre disponível e garantir a bendita fama de "bonzinho". Não, não e não! Ser gentil não é isso, assim como também não é se deixar ser feito de bobo. Pessoas gentis sabem reconhecer seus próprios limites e respeitar a si mesmo tanto quanto respeitam o outro. E isso significa que, muitas vezes, terão de negar um pedido do outro para que possam ser coerentes consigo mesmos, com seus compromissos e até com seus valores. Pessoas que não sabem dizer "não" certamente apresentam uma questão mal resolvida com sua autoestima. Usam o "sim" indiscriminadamente para, talvez inconscientemente, conseguir a aprovação ou o amor do outro. Não funciona! Resultado? Sentem-se frustradas, vítimas das relações e muito insatisfeitas com suas vidas. Sim, porque quem ama você vai continuar amando mesmo depois da sua negativa, e quem não ama não vai passar a amar só por causa do seu "sim". Aliás, é bem provável que este tipo de dinâmica abra espaço para as típicas relações abusivas. Saber dizer "não" quando necessário é sinal de maturidade e equilíbrio. E nem é preciso alterar o tom de voz ou ser grosseiro. Um "não" dito com firmeza e coerência é muito eficiente e quase sempre mais produtivo do que supomos.

REFLITA

Amar não é aceitar tudo. Aliás, onde tudo é aceito, desconfio que haja falta de amor.

VLADÍMIR MAIAKÓVSKI

14

NÃO PERCA A RAZÃO

Já aconteceu de você entrar numa discussão para reivindicar seus direitos e se sentir ameaçado a nunca tê-los de fato? Com certeza, sim. Basta já ter ligado, alguma vez, para empresas de telefonia, prestadoras de serviços públicos ou enfrentado um processo judicial e você saberá exatamente do que estou falando. Sim, você tem razão! No entanto, quando perde as estribeiras, quando deixa que a falta de eficiência e competência do outro lhe roubem todo o bom senso, você pode facilmente deixar de ter razão e ainda se meter numa encrenca danada. Pessoas que partem para a agressão verbal, ou pior, física, terão problemas bem sérios. Ou melhor, mais e piores problemas. E descobrirão, a duras penas, que não vale a pena, não ajuda, não resolve! Sequer garante um pouquinho de relaxamento. Pelo contrário, aumenta a tensão de todos e dificulta absurdamente a solução ou a obtenção de seus direitos. Portanto, antes de perder a razão, pondere se não seria melhor socar o travesseiro, desabafar com alguém em quem você confia, chorar ou gritar um pouco no banheiro e, somente depois, dar andamento na situação. Ou, melhor ainda, respire fundo e recupere seu equilíbrio ao se dar conta de que vale bem mais ser estratégico e funcional do que impulsivo e disfuncional.

REFLITA

As boas inclinações não servem para nada se não se convertem em boas ações.
JOSEPH JOUBERT

15

USE LUVA DE PELICA

Se for para "esmurrar" alguém, que seja com elegância, sabedoria e consciência! Deixe a força e a raiva de lado. Abandone suas luvas de boxe e pegue as de pelica. Sim, a delicadeza tem um poder absurdo, embora a maioria das pessoas ainda não tenha acreditado nisso. Procure conhecer a biografia de pessoas que transformaram o mundo efetivamente e para melhor, tais como Jesus Cristo, Buda, Madre Teresa de Calcutá, Martin Luther King Jr., Mahatma Gandhi, Dalai-Lama, entre outros. Não foram figuras que aceitaram tudo ou que não tiveram um aguçado senso de justiça e responsabilidade para com suas escolhas e com a causa que defendiam, mas sim usaram de uma delicadeza extraordinária e fizeram com que toda a humanidade experimentasse a evolução. Não estou dizendo que você precisa fazer tanto, mas em situações críticas e delicadas, em que tudo o que você quer é partir pra cima de alguém e mostrar como é que se faz, pare, concentre-se, observe, pondere... e aja ou fale somente quando tiver certeza de que será pontual, firme e justo. Se não chegar a esse ponto, simplesmente mantenha-se em silêncio e se retire. Além de integridade, dignidade e equilíbrio, você também estará sendo de uma gentileza ímpar não só com o sortudo que não foi socado, mas com toda a humanidade. Essa atitude jamais passará despercebida.

REFLITA

Não permanecemos bons se não nos esforçamos constantemente para sermos melhores.
GOTTFRIED KELLER

16

ENGULA SAPOS COM INTELIGÊNCIA

Pare de acreditar que você não engole sapos. Engole, sim. Todo mundo engole, porque faz parte do jogo da vida. Por isso, o melhor é aprender a fazer isso com inteligência e dignidade! Mais do que engolir, aprenda a digerir e transformar os sapos em ganhos impagáveis. Tem uma anedota da tradição Sufi que conta: um andarilho era zombado todos os dias, numa praça, por um grupo de rapazes que, um a cada dia, oferecia-lhe duas moedas – uma pequena e de maior valor e outra grande e de menor valor. O sujeito escolhia sempre a maior. Certa vez, incomodado com a cena, um homem se aproximou do andarilho e disse: "senhor, a moeda maior vale menos. Você deve escolher a moeda menor!". Ao que ele respondeu: "Eu sei. Mas se escolher a menor, deixarão de me oferecê-las e, ainda que parem de me zombar, eu deixarei de ganhar as moedas...". Pois bem, comece a engolir apenas os sapos que lhe rendem algo de bom, por mais indigestos que eles sejam! Porque, em seguida, você saberá digeri-los com sua inteligência. Aproveite e questione-se: o que você tem ganhado com os sapos que tem engolido? Com essa consciência, garanto que será bem mais fácil e até interessante passar por essa situação...

REFLITA

Ninguém comete erro maior do que não fazer nada porque só pode fazer pouco.
EDMUND BURKE

17

NÃO SE IDENTIFIQUE

Já reparou que dentro da sua cabeça parece existir uma segunda voz, como se um "outro você" falasse com você muitas vezes? Algumas dessas vezes, esse outro parece superior, com uma visão mais altruísta, e te dá conselhos muito proveitosos. Porém, noutras vezes, ele parece que perde toda e qualquer noção do bom senso e mais te instiga a partir para a confusão do que a tomar uma atitude saudável. Sabe quando isso acontece? Quando você se identifica com os problemas. Quando você acredita que sua vida se resume a esses problemas e que você não está no comando, ou melhor, que você não pode fazer outras escolhas, seguir por outros caminhos. Ou seja, você se identifica toda vez que acredita que não tem saída. Mas o fato é que você sempre tem. Sempre tem! Pode até não estar conseguindo enxergá-la neste momento, mas se tiver paciência e fé, se confiar um pouco mais no ritmo e no fluxo da vida, se calar a voz e se sintonizar com sua verdade e sabedoria interior, vai terminar enxergando. Portanto, não se identifique. Você não é os seus problemas. Está muito acima deles e sempre poderá resolvê-los ou aprender a aceitá-los e conviver harmoniosamente com eles.

REFLITA

A vida é uma festa só para o sábio.
RALPH WALDO EMERSON

18

AO MENOS TENTE VER O QUE O OUTRO ESTÁ VENDO...

Você conhece aquela famosa imagem preta e branca que dizem ser o rosto de Jesus Cristo? Em geral, traz a seguinte frase: "Quem me vê, jamais esquece". Se você nunca viu, procure na internet que vai achar. É um ótimo exemplo para essa sugestão de tentar ver o que o outro vê, especialmente quando você trava uma discussão com alguém por divergência de opiniões sobre um determinado assunto. Faça um teste: tem muita gente que afirma ver naquele conjunto de manchas o rosto de Jesus, mas muitos outros, por mais que realmente se esforcem, simplesmente não conseguem decifrar rosto algum. Quem está falando a verdade? Obviamente, todos! O fato é que nem sempre o que nós conseguimos enxergar, o outro consegue, e vice-versa. A razão pouco importa, mas o que podemos aprender com esse exemplo é que, muitas vezes, você não vai conseguir fazer com que o outro concorde com você, por mais que ele se esforce e realmente tente compreender o seu ponto de vista. Mas, ainda assim, com um pouco de gentileza e capacidade de conciliar, podem chegar a um consenso. Se não num meio-termo, ao menos podem respeitar cada um a opinião do outro e conviverem com as diferenças. Afinal, são elas que fazem do mundo um lugar tão rico e especial.

REFLITA

---

*Aquele que é diferente de mim não me empobrece;
me enriquece.*
ANTOINE DE SAINT-EXUPÉRY

19

NÃO LEVE TUDO TÃO A SÉRIO

Pense um pouco! Problemas todo mundo tem. Sim, uns maiores, outros menores. Mas esse lance de probleminha ou problemão também tem muito a ver com a forma como cada um enxerga e interpreta a vida. De qualquer forma, podemos resumir qualquer história com aquele sábio dito popular: "A morte é a única coisa certa para quem está vivo". Ou seja, o final de todos nós, sem exceção, é um só: morrer! E daqui, ninguém leva mais do que o próprio corpo. Tudo bem, eu posso estar resumindo demais as circunstâncias, mas essa maneira de pensar, especialmente para quem tem o hábito de catastrofizar as situações, distorcendo a realidade com pensamentos negativos e exagerados, ajuda muito a relativizar e não levar tudo sempre tão a sério. Ria das suas próprias desgraças. No final, tudo passa, tudo se resolve. Para quase tudo é possível encontrar uma solução. E, como diziam nossas avós: "Para o que não tem remédio, remediado está"! Acredite: a gente sofreria muito menos se risse mais e se compreendesse, de uma vez por todas, que de nada adianta ficar brigando com a vida, porque ela é muito maior e mais autônoma do que supomos. Não temos como controlar ou mudar a maioria das circunstâncias. Temos, sim, como fazer escolhas cada vez mais certeiras e coerentes com o que desejamos. E esta é a nossa parte. De resto, é bem isto: resta-nos viver, rir e aproveitar!

REFLITA

---

*No fim, tudo dá certo, e se ainda não deu,
é porque não chegou ao fim.*

FERNANDO SABINO

20

ESSA BRIGA VALE MESMO A PENA?

Quantas vezes iniciamos uma discussão com uma pessoa que consideramos muito, sem nem saber por que ou pra quê? Tudo começa com uma falta de tolerância aqui, uma alteração de voz ali e, quando vai ver, já estamos brigando como se fosse por algo muito sério. Na maioria das vezes, não é. Brigamos, muitas vezes, por bobagens, coisinhas sem real importância. E mesmo quando é importante, certamente poderíamos tratar o assunto de outra forma, bastando um pouco de jeitinho e vontade. Por isso, quando se pegar comprando uma briga e se der conta de que tem a intenção de ficar bem com essa pessoa – seja marido, esposa, colega de trabalho, chefe, mãe, irmão ou amigo – pergunte-se: "Essa briga vale mesmo a pena?". Muitas vezes, terminará descobrindo que se silenciar momentaneamente, esperar até que o outro também se acalme e simplesmente dizer algo como: "Ah, pensando bem, não vale a pena brigar por causa disso. Vamos fazer as pazes?", você se sentirá muito melhor do que continuar na briga só por orgulho ou raiva, sentimentos pequenos demais diante do que realmente desejamos: paz e felicidade!

REFLITA

O homem moderno vive sob a ilusão de que sabe o que quer, quando na verdade ele deseja aquilo que se espera que ele queira.
ERICH FROMM

21

A CONSCIÊNCIA FAZ TODA A DIFERENÇA

Você se conhece? Sabe o que tira você do sério? Consegue perceber quando não está num bom dia? Consegue não só saber, mas também admitir que perdeu a linha e que tem certas situações nas quais você realmente precisa manter-se atento para não fazer bobagem ou dizer algo de que venha a se arrepender depois? É para isso que serve a consciência e o autoconhecimento. Porque cada um de nós tem a sua medida, o seu limite, o seu termômetro. E quando estamos conectados com nossa essência, comprometidos com nossos atos e nossas escolhas, fica muito mais fácil prever e evitar algumas catástrofes nos relacionamentos pessoais e profissionais. Pessoas que sabem reconhecer o momento em que precisam de ajuda têm uma chance de acertar muito maior do que aquelas que vivem na inconsciência, aprendendo somente com a dor do arrependimento. Sem contar que quando você avisa ao outro sobre seu estado emocional – claro que com humildade e respeito – também dá a chance para que o ambiente se torne adaptável e receptivo.

REFLITA

---

*O discernimento consiste
em saber até onde se pode ir.*
JEAN COCTEAU

22

GENTILEZA GERA GENTILEZA

O Profeta Gentileza foi uma figura ímpar que viveu nas ruas da cidade de Niterói, no Rio de Janeiro, por mais de 30 anos. Começou sua missão de espalhar a gentileza gratuitamente na década de 1960, após uma tragédia que matou mais de quinhentas pessoas, a maioria crianças, quando um circo pegou fogo nessa cidade. Sua história inspirou músicas, ONGs, praças, documentários e, entre outros, uma frase de efeito que serve para nos lembrar do quanto uma gentileza pode ser valiosa. Quem conhece o Profeta sabe que ele imortalizou a sentença "Gentileza gera gentileza". E se a sua gentileza não gerar mais gentileza na primeira vez que você praticar, isso vai terminar acontecendo mais cedo ou mais tarde, com certeza! Só que a frase do Profeta, da mesma forma, serve para nos lembrar que falta de gentileza gera falta de gentileza. A boa notícia é que a escolha é sua. O que você quer provocar nas pessoas: vontade de ser gentil ou raiva e vontade de revidar, descontar e se vingar de você? Pense nisso e no que anda gerando em sua vida e no ambiente em que vive...

REFLITA

As pessoas adquirem o poder de fazer coisas incríveis quando estão em estado de encantamento.
JÚLIO RIBEIRO

23

LEVE O DESAFORO PRA CASA!

Crenças limitantes que usamos para balizar nossas relações existem aos montes. Não hesitamos em repetir as mais famosas, tais como "pago na mesma moeda", "olho por olho, dente por dente", "só sou educado com quem é educado comigo", e outras reações que nos impedem de agir segundo nossos próprios valores. Enfim, entre essas e outras, uma das que repetimos com a boca cheia e o nariz arrebitado é "não levo desaforo pra casa!". Acreditamos que não levar é um mérito, mas não é. Nunca foi. Quem nos faz desaforos com frequência já está provando que não merece nossa atenção. Que não vale a pena. E quem faz, eventualmente, merece aquele crédito de que falamos no item 2. O fato é que, quando revidamos um desaforo, compramos uma briga. Sim, pagamos para brigar. Que desperdício! E muitas vezes o preço é tão alto que passamos anos e anos pra acertar uma dívida que criamos por pura perda do bom senso ou crença limitante e equivocada. Da próxima vez que fizerem um desaforo pra você, não só o leve pra casa como passe a noite com ele. Isso mesmo! Use esse tempo para assimilar, refletir, pensar no que pode aprender com o conteúdo do desaforo e como pode devolvê-lo em forma de uma conversa madura e construtiva. Pode apostar que você vai sair ganhando muito mais.

REFLITA

Eu sou contra a violência porque parece fazer bem, mas o bem só é temporário; o mal que faz é que é permanente.

MAHATMA GANDHI

24

SEJA FIRME, MAS SUAVE

Tem gente que acha que ser gentil é estar sempre rindo, fazendo graça, nunca expor suas ideias, nunca ocupar o seu lugar, nunca se posicionar... Nada disso! Pessoas gentis costumam ser muito lúcidas, íntegras e conhecedoras de seus direitos. E de seus deveres também, é claro. Costumam também respeitar o outro e a si mesmo na mesma medida. E isso significa que, muitas vezes, terá de fazer valer seu espaço e, para isso, terá de ser firme. A sugestão para não perder a gentileza é ser também suave. E mesmo que a maioria das pessoas acredite que firmeza tem a ver com gritaria ou agressividade, isso não é verdade! É totalmente possível ser firme com suavidade. Trata-se de uma arte. São raras as pessoas firmes e suaves. Talvez aquelas que já citei como referências: Dalai-Lama, Madre Teresa de Calcutá, Buda, entre outros mestres. Enfim, firmeza indica segurança e consciência. E suavidade significa respeito e acolhimento. Aprenda a ser firme e suave e verá como a vida pode ser bem mais fácil e prazerosa...

REFLITA

O que fazemos por nós mesmos morre conosco, mas o que fazemos pelos outros e pelo mundo permanece, e é imortal.

ALBERT PAINE

25

CHUMBO TROCADO DÓI, SIM

Lembra das crenças limitantes de que falei quando a dica era para levar o desaforo pra casa? Outra delas é a que diz que chumbo trocado não dói. Será? Experimente levar um tiro e revidar. Acha mesmo que não vai doer nem em quem atirou em você e nem em você só porque foi chumbo trocado? Claro que vai! Da mesma forma, quando você é ofendido e, em troca, também ofende, os dois se ressentem, os dois se magoam, nos dois dói. E você poderia argumentar: "Ah, mas pelo menos não doeu só em mim". É verdade, não mesmo! Mas quem ganhou, então? Ninguém, meu caro, ninguém. Só restaram perdedores. Agora, se mesmo machucado você quiser ganhar essa parada, que tal olhar para a pessoa que te ofendeu e simplesmente dizer: "Bem, acho que podemos tentar resolver essa questão de um modo menos agressivo. Eu estou a fim, e você? Podemos tentar?". Talvez a pessoa responda que não ou fique em silêncio, mas certamente será por conta da surpresa que terá diante dessa proposta. Além disso, talvez ela não esteja pronta para falar com firmeza e suavidade naquele momento, mas certamente vai pensar melhor antes de disparar chumbo da próxima vez.

REFLITA

---

*Antes de embarcar em uma jornada
de vingança, cave duas covas.*
CONFÚCIO

26

POR QUE BRIGAR HOJE SE VOCÊ PODE ESPERAR ATÉ AMANHÃ?

Já notou que, assim que coloca sua cabeça no travesseiro, parece que aquela voz – impiedosa, inquiridora – sempre vem prestar contas de tudo o que você fez ou deixou de fazer durante o dia? *Ligou? Resolveu? Falou o que não devia... e agora? Não falou? Adiou mais uma vez? E se não der certo? E se, e se, e se...?* Uma verdadeira e terrível tortura mental que não lhe permite descansar! Se você passa por isso, saiba que pode aproveitar esse momento de tamanha autorreferência para algo mais produtivo. Sim, refletir de modo consciente sobre o que pode fazer amanhã melhor do que fez hoje. Especialmente quando estiver vivendo uma crise num relacionamento, seja pessoal ou profissional, lembre-se de que amanhã é um novo dia, uma nova chance de resolver a situação, que certamente não está boa para nenhum dos envolvidos. Se fazer as pazes e ficar numa boa ainda é muito difícil, ao menos sugira uma trégua, um tempo para esfriarem os ânimos e conseguirem agir de modo mais consensual. Portanto, antes de brigar com alguém hoje, reflita: "Por que não esperar até amanhã?" E tudo poderá ser resolvido com mais calma e clareza!

REFLITA

Na verdade, o tempo é neutro;
pode ser usado de modo construtivo ou destrutivo.
MARTIN LUTHER KING JR.

27

DÊ UMA BOIADA PARA SAIR

De novo, voltamos às crenças limitantes. Sabe quando alguém diz: "Dou um boi pra não entrar numa briga, mas...", e você certamente já sabe qual é o final da frase? Gente, ou eu sou maluca ou quem diz isso está tentando nos enganar. É uma questão matemática! Se ele dá um boizinho só para não entrar numa briga, mas uma boiada inteira para não sair, está querendo brigar, é óbvio! Quem realmente não quer dá uma boiada para não entrar e aceita qualquer boizinho para sair. Essa é a atitude de quem quer resolver e não simplesmente ficar batendo boca, dizendo bobagens, exagerando ou descontando no outro todo seu stress. Ei, está nervoso? Sente que sua paciência acabou? Vá andar, vá pra academia lutar boxe, vá pra terapia, vá esmurrar o travesseiro (e não a parede, senão vai machucar sua mão), vá para qualquer lugar que deixe você mais calmo. Mas não transforme o ambiente e a vida das pessoas ao seu redor num inferno. Ninguém ganha com isso, muito menos você. E ainda economiza seus bois!

REFLITA

Uma crença não é meramente uma ideia que a mente possui. É uma ideia que possui a mente.
ROBERT O. BOLTON

28

NÃO DESISTA DEPOIS DA PRIMEIRA, NEM DA SEGUNDA, NEM DA TERCEIRA

Você está aqui, com a melhor das intenções, lendo este livro focado em como ser mais gentil, e finalmente toma a sua decisão! Vai chegar em casa hoje com um buquê de flores nas mãos, um sorriso no rosto, e vai acabar de vez com essa crise no seu casamento! Claro que essa cena foi só um exemplo. Poderia ser também no ambiente de trabalho ou com algum amigo. Enfim, o fato é que você decidiu de uma vez por todas que vai ser gentil, porque parece mesmo que vale a pena. Muito bem, parabéns! Só que, depois de fazer tudo isso, a outra pessoa simplesmente fala: "Ah, tá... e você acha mesmo que vou acreditar nessa sua postura de boa pessoa?". Em seguida continua, com a voz mais desconfiada do mundo: "Pode falar logo qual é o seu plano! O que é que você está querendo com isso? Fique sabendo que não sou idiota!". E você fica parado, com aquela cara de "ué, onde foi que eu errei?". Ou pior, conclui que essa coisa de ser gentil é balela e não funciona! Diz para si mesmo: "Nunca mais vou fazer papel de trouxa! É briga que estão querendo? É briga que vão ter!". E lá se foi por terra a sua chance de mudar tudo. Será? Não, não... Não com você! Você não desiste na primeira tentativa, nem na segunda, nem na terceira... Sim, porque vão desconfiar da sua gentileza, pode apostar. Comportamentos gentis têm sido tão raros que as pessoas desconfiam. Provavelmente, você desconfiaria também. Em geral, só as crianças não desconfiariam. Então, vá em frente. Espere até amanhã e tente de novo e de novo. Eu aposto com você. Mais cedo ou mais tarde ela vai amolecer e ceder à sua gentileza. E melhor ainda: vai retribuir, com todo prazer.

REFLITA

---

*O caminho para o sucesso
é dobrar a taxa de erros.*
THOMAS WATSON

29

SEJA VOCÊ O PRIMEIRO

Você deve estar se perguntando: "Por que sempre eu tenho de ir atrás e propor de fazermos as pazes?". Em primeiro lugar, reflita direitinho. Será mesmo que é *sempre* você? Nunca, nunca mesmo, foi a outra pessoa? Em geral, nos consideramos sempre certos e os outros, sempre errados. Mas isso não é uma verdade. Pelo menos, não absoluta. E se é somente em termos, pense um pouco: o que é que você realmente tem a perder se for gentil primeiro? Não estou falando de ser submisso, de ser tolo, de fazer tudo o que o outro quer e ignorar suas próprias vontades. Estou falando de ser gentil. De ser inteligente. De propor uma conversa amigável. De baixar o tom de voz. De parar de falar ininterruptamente, feito um maluco. De ouvir o que o outro tem a dizer. De parar de ofender. De baixar a guarda. De soltar as pedras que tem nas mãos. De dar uma chance a vocês. De se expor. De se mostrar vulnerável e demonstrar que, no final das contas, você é muito corajoso, como tão bem defende a especialista em vulnerabilidade Brené Brown.[1] É disso que estou falando. E por que não começar por você? Para mim, parece um privilégio, especialmente porque não é mesmo nada fácil. Requer postura de gente grande. De gente admirável! Você consegue ao menos tentar?

REFLITA

(...) Quando tudo for espinho, atire a primeira flor;/ seja o primeiro a mostrar que há caminho de volta,/ compreendendo que o perdão regenera,/ que a compreensão edifica, que o auxílio possibilita,/ que o entendimento reconstrói.// Atire você, quando tudo for pedra,/ a primeira e decisiva flor.

GLÁCIA DAIBERT

30

RESPIRE FUNDO E CONTE ATÉ...

Eu realmente não sei até que número você terá de contar cada vez que perder as estribeiras e sentir vontade de avançar em alguém. Sim, nós sentimos essa vontade de vez em quando, especialmente no trânsito das grandes cidades ou quando temos questões mal resolvidas no trabalho. Infelizmente, alguns não só sentem vontade como vão lá e avançam. E, às vezes, provocam verdadeiras tragédias! Mas é para que o número desse tipo de situação, que chega a esse nível de intolerância, diminua, que estamos batendo na tecla da gentileza durante um livro inteirinho. Pois bem, da próxima vez que seu sangue ferver, e que você sentir vontade de desferir vários xingamentos e ofensas, respire fundo e comece: um, dois, três, quatro... E não desista até sentir que está se acalmando. Respire fundo de novo e continue a contagem. Os prejuízos poderão ser infinitamente menores. Talvez você deixe de perder seu emprego. Talvez você deixe de perder seu amor. Talvez você deixe de provocar alguém num nível de stress bem pior que o seu e que esteja armado. Talvez você simplesmente se sinta muito melhor consigo mesmo por ter tido uma atitude efetiva de gentileza para com o mundo!

REFLITA

Fale quando estiver com raiva e você fará o melhor discurso do qual se arrependerá.
AMBROSE BIERCE

31

TEM BRIGA QUE É BOA
E VALE A PENA SER BRIGADA

Eu disse isso mesmo? Sim, disse! Você pode pensar que ser gentil é nunca entrar numa briga, mas não é. Você é gente e eu também. Nós nos relacionamos com gente. E gente briga. Relações se solidificam e crescem e se tornam profundas também por causa dos desentendimentos e discordâncias. Ou seja, por causa das diferenças! Sem contar que realmente existem pessoas oportunistas, manipuladoras e que precisam ser paradas para que não causem transtornos terríveis em sua vida. Mas, veja bem! Atenção! Não estou falando de discussões tolas, brigas infantis e que não levam a lugar algum. Qualquer desentendimento deve estar a serviço de algum importante entendimento. Isto é, a grande intenção de brigar é resolver alguma pendência que não tem sido possível de ser resolvida com palavras amenas e tom de voz equilibrado. Às vezes todos nós precisamos de uma sacudida, um "acooorda, rapaz!". Apenas atente para algumas regrinhas básicas. Xingar e ofender, não vale. Aumentar o tom de voz, tem limite. Se começarem a repetir frases sem que um ouça o outro de verdade, melhor parar e deixar a conversa para depois. Mas se apesar de tudo isso, das regras, deste livro ou de qualquer bom senso, você não conseguir manter o mínimo de consciência e terminar "chutando o pau da barraca", dê tempo ao tempo. Durma ao menos uma noite para que haja espaço para os dois recuperarem a boa e velha educação. Peça desculpas assim que possível e tente não repetir a cena, porque não há relação que resista perante brigas sem fim e sem propósito. A ideia é compartilhar a sua verdade, e o objetivo é que todos possam sair da discussão melhores do que entraram. Agora, se a pessoa com quem você perdeu de vez a gentileza não fizer nenhum sentido na sua história, simplesmente abra mão, deixe ir, desapegue. Às vezes, a bênção está justamente no distanciamento e na separação.

REFLITA

---

*Numa época de mentiras universais,
dizer a verdade é um ato revolucionário.*
GEORGE ORWELL

32

COM A MESMA PESSOA, TODOS OS DIAS

Ser gentil com o porteiro, com o chefe ou com quem você nunca viu antes é relativamente mais fácil. Afinal, trata-se bem mais de educação e regras da boa convivência do que comprometimento ou sentimento. Só que gentileza de verdade é aquela posta à prova de convivência. Pois é, sabemos que a intimidade nos desafia e nos coloca diante de situações que provocam nossa tolerância. Além disso, já reparou que é nas pessoas mais próximas que costumamos descontar nossas frustrações? Será que é porque sabemos que elas nos amam e vão nos perdoar? Pode até ser, mas cuidado, você pode se dar mal se agir sempre considerando essa possibilidade. O que tem de gente sofrendo porque perdeu pessoas queridas e importantes justamente por não cuidar e não dar valor, não é brincadeira. Por isso, sugiro que você seja gentil especialmente com quem convive, tanto em casa quanto no trabalho e na vida social. São essas as pessoas com quem você, muito provavelmente, poderá contar quando se tratar de seu sucesso ou de seu fracasso.

REFLITA

---

*Tanto quanto possível sem capitular, esteja
de bem com todas as pessoas. Fale a sua
verdade calma e claramente e escute os outros,
mesmo os estúpidos e ignorantes;
também eles têm a sua história.*
MAX EHRMANN

33

SÓ DESEJAMOS SER AMADOS

Quanto mais estudo, pesquiso, conduzo pessoas em seu processo de autoconhecimento e recebo mensagens dos meus leitores e seguidores nas redes sociais sobre as relações humanas, mais reforço a certeza de que, faça o que fizer, diga o que disser e seja quem for, tudo o que nós seres humanos mais desejamos na vida, mesmo que inconscientemente, é sermos amados e aceitos, nos sentirmos pertencentes. E, para isso, somos capazes de muito mais do que supomos. Estamos dispostos a lutar e até morrer, por meio das ações mais brilhantes, inesquecíveis e extraordinárias, mas também das mais horrendas, nefastas e desgraçadas. Da luz às trevas, da extrema bondade à mais sórdida maldade, da saúde à doença. Emocionalmente falando, agimos sob a necessidade de receber aceitação. Quanto mais cedo recebemos essa noção de amor, quanto mais autêntica tiver sido a nossa infância, mais criativa e feliz será a nossa vida adulta. Essa sugestão fica, especialmente, aos pais e educadores, uma vez que muito do futuro da humanidade depende do reconhecimento e da gentileza deles. Porém, depois de adultos, a responsabilidade por essa consciência e por desenvolver ferramentas internas para lidar com a angústia de que nem sempre seremos amados e aceitos é toda nossa! Caso contrário, se não tomarmos as rédeas de nossa autoestima e de nossa maturidade emocional, seja fazendo psicoterapia ou através de qualquer outro meio de desenvolvimento, desperdiçaremos nossas vidas culpando e nos vingando das pessoas, o que seria profundamente lamentável!

REFLITA

Todos são culpados, mas ninguém tem culpa.
ROBERT HOFFMAN

34

NÍVEIS DE GENTILEZA

Talvez você se questione se é mesmo possível ser gentil todos os dias. Boa pergunta! Afinal, se eu mesma admiti que todos nós temos dias ruins, então parece que estou admitindo também que nem sempre dá para ser gentil. Mas não é bem assim. Claro que não é todo dia que seremos um exemplo brilhante de gentileza, e é justamente para esses dias que teremos o primeiro e o segundo níveis de gentileza, o da aceitação e do prazer – que vou explicar detalhadamente nos próximos itens – e quando estamos afiadíssimos nos comportamentos gentis, caminharemos para o terceiro nível, o do entusiasmo. Saiba mais detalhes sobre cada nível logo em seguida e não perca a gentileza, nem nos dias mais difíceis!

REFLITA

Tanto as empresas têm investido no poder da gentileza que a Porto Seguro criou uma aba em seu site chamada Mapa da Gentileza, onde várias histórias de atitudes de gentileza no trânsito podem ser lidas. As histórias são indicadas por região do mapa da cidade de São Paulo. Muito interessante.
Saiba mais: transitomaisgentil.com.br/mapa-da-gentileza/

35

PRIMEIRO NÍVEL

O primeiro nível de gentileza é o nível da ACEITAÇÃO. Isto é, quando compreendemos, finalmente, que não podemos controlar todas as coisas e nem todas as pessoas. Aliás, quanto às pessoas, não controlamos ninguém além de nós mesmos, e olhe lá! Tem hora que nem disso damos conta. Mas, por mais óbvio que seja isso tudo, é incrível como ainda passamos boa parte de nossos dias tentando mudar as circunstâncias e as pessoas, principalmente para que elas sejam e ajam conforme nossa vontade. Fazemos isso, muitas vezes, sem nem perceber. Acreditamos que estamos tentando resolver problemas e facilitar a vida. No entanto, quando aprendemos a fazer a nossa parte, a fazer o que é possível e a relaxar, confiar no fluxo da vida, paramos de lutar contra o que não está de acordo com nossos desejos. Simplesmente aceitamos, deixamos rolar. E, nossa, como isso é bom. Evita tensões, desgastes e frustrações que não ajudam em nada, só servem para nos deixar doentes, agressivos, cansados e tristes. A partir de hoje, quando as coisas não estiverem acontecendo como você gostaria, simplesmente relaxe e aceite. Veja o que acontece!

REFLITA

---

*Não há fatos eternos,
como não há verdades absolutas.*
FRIEDRICH NIETZSCHE

36

SEGUNDO NÍVEL

O segundo nível da gentileza é o do PRAZER. Deveríamos nos manter nele a maior parte do tempo. Diria que é o "caminho do meio", tão indicado pelos mestres zen budistas. Nem metido em irritações e lutas internas ou externas, nem em êxtase constante – o que, digamos, trata-se de um nível bastante elevado. Viver com prazer tem muito a ver com a capacidade de repetirmos pequenas atitudes que fazem grande diferença. Sorrir, por exemplo, faz um bem danado, não custa nada e propicia ótimas oportunidades. Mas há também os casos em que a gentileza é tão surpreendente que arranca lágrimas de alguém. Isso aconteceu no âmbito empresarial. A Zappos, empresa referência de qualidade no atendimento ao cliente, tem muitas histórias entre seus atendentes e clientes que se tornam famosas pelo nível de prazer e satisfação que são capazes de causar. Uma dessas histórias, entre as minhas preferidas, é sobre uma cliente que precisava devolver uns sapatos para a Zappos, mas sua mãe tinha acabado de falecer. Ela estava tão desolada pela perda que não tinha tido ânimo para resolver o assunto. Ao receber um e-mail da empresa perguntando sobre a devolução, ela contou o que tinha acontecido. Imediatamente, a Zappos mandou retirar o produto na casa dela sem qualquer custo adicional. E não parou por aí. Nas palavras da cliente: "Quando cheguei em casa, vi um lindo arranjo com lírios brancos e rosas e cravos. Grande, exuberante e perfumado. Abri o cartão, e era da Zappos. Eu caí no choro. Adoro gentileza, e se isso não é uma das coisas mais gentis que já fizeram por mim, eu não sei o que é".

REFLITA

Atos voluntários de gentileza liberam a dopamina, neurotransmissor que proporciona a sensação de bem-estar, fazendo uma pessoa se sentir mais calma, calorosa, com mais energia e amor-próprio.
Da empresa Viva!, especialista em premiação e incentivos empresariais.

37

TERCEIRO NÍVEL

Este é o nível do ENTUSIASMO. Do grego *en* + *theos*, ou seja, "em Deus". Será que alguém duvida de que estando conectado com uma energia de luz, com a perfeição da natureza ou com qualquer experiência espiritual é impossível não ficar realmente entusiasmado? Convenhamos que quando estamos num estado de fé, não tem como dar errado. É mais ou menos como naquele dia em que você acorda completamente apaixonado, seja por uma pessoa, um projeto ou uma experiência, e por isso ganha a certeza indubitável de que a vida é mesmo fantástica e de que, se era para experimentar essa sensação, qualquer dificuldade que tenha tido até então valeu a pena. Ou naquele dia em que você pratica um ato de solidariedade tão gratuito e transformador que você entende o significado da palavra amor incondicional. Em dias como esses, você pode bater o dedinho na quina da cama ou a cabeça na porta do armário e, ainda assim, vai continuar sorrindo. Pode perder o ônibus ou levar uma fechada no trânsito e, ainda assim, vai continuar sorrindo. Nada nem ninguém serão capazes de roubar sua paz e sua felicidade. Pois bem, se posso lhe desejar algo nesta vida, é isso, exatamente isso. Quem já sentiu sabe do que estou falando. Mas é preciso fazer por merecer!

REFLITA

O entusiasmo individual é o que inicia qualquer processo de mudança. E o entusiasmo gera mais entusiasmo.
PETER SENGE

38

TENHA REFERÊNCIAS
E CONSTRUA SEU SUCESSO

Sabe qual é o problema de muitas pessoas? Reféns do tempo e das cobranças diárias, muitos negligenciam ou até desconhecem o incrível poder da gentileza. Não valorizam adequadamente as referências. Você, por exemplo, quando pensa num líder ou profissional gentil, tem a sua referência, o seu modelo, o seu mentor? Algum livro ou filme tem inspirado você a ser mais gentil nos últimos tempos? Já leu alguma biografia de alguém que mudou a história por conta de sua insistente prática de gentileza? E não são tão raras as pessoas assim. Felizmente, são muitas. Ao seu redor mesmo, deve ter alguém admirável, heroico, tocante, completamente formidável. Vou citar mais algumas pessoas, caso você decida se presentear com referências que podem mudar o seu mundo: Indira Gandhi, Mahatma Gandhi, Martin Luther King Jr., Nelson Mandela, Madre Teresa de Calcutá, Dalai-Lama, Irmã Dulce, Profeta Gentileza, Joana D'Arc e tantos outros. Fique atento e tenha referências para não se esquecer do que realmente importa!

REFLITA

O talento vence jogos, mas só o trabalho em equipe ganha campeonatos.
MICHAEL JORDAN

39

TENTE, SÓ PARA VER O QUE ACONTECE

Eu compreendo que talvez você tenha incontáveis motivos para não ser gentil. Talvez não respeitem os seus direitos. Talvez tratem você com injustiça e intolerância. Talvez os políticos de seu país ajam de modo desonesto. A economia é desigual. Os salários nem sempre correspondem à competência de cada profissional. A saúde e a educação nem sempre estão disponíveis quando você mais precisa delas. Enfim, entre outras inúmeras faltas de gentileza que tem de engolir todos os dias, imagino o quanto seria perdoável se você tentasse justificar sua falta de confiança no poder da gentileza. Porém, não se trata de retribuir a gentileza que lhe oferecem, trata-se, acima de tudo, de ser gentil para que o seu mundo seja muito mais tolerável, justo e agradável. E, sendo assim, minha sugestão é para que você ao menos experimente. A gentileza não é um presente para eles, é um presente para você mesmo. E ainda que não garanta que o mundo seja exatamente como você gostaria, vai garantir um bem-estar e um acréscimo à sua saúde física e emocional que até então você talvez nunca tenha experimentado. Vai garantir felicidade genuína. Tente de verdade e veja o que acontece!

REFLITA

O começo é a metade do todo.
PLATÃO

40

ITEM FUNDAMENTAL NO SEU CURRÍCULO

Uma pesquisa publicada no site da revista *Exame*[2] promete inspirar você a ser mais gentil no ambiente de trabalho. "Preste atenção à maneira como tem tratado os outros no trabalho porque este pode ser o calcanhar de Aquiles da sua reputação profissional. A gentileza é um ativo de carreira e contribui para que você seja admirado e, consequentemente, tenha maior capacidade de influência, segundo um estudo feito com mais de quatrocentos executivos de empresas como Natura, Nestlé, Bunge, Cargill. Entre os entrevistados, 65,3% deles consideram a gentileza uma vantagem profissional, quando genuína", disse a presidente da Gattermayr Consulting, Adriana Gattermayr, responsável pela pesquisa. Em tempos em que se tornou muito mais fácil encontrar profissionais com ótimas formações acadêmicas do que com comportamentos inspiradores, a gentileza sem dúvida se tornou um diferencial no qual vale a pena investir. Claro que a ideia não é usar esse atributo como moeda de troca, até porque como a própria pesquisa mostrou, gentileza usada como forma de manipulação é altamente abominada quando percebida. "O segredo da gentileza genuína é pensar menos em si mesmo e mais nos outros e, claro, conseguir transmitir essa mensagem no ambiente de trabalho. Em empresas grandes, é comum as pessoas se esquecerem da importância de seu trabalho no âmbito coletivo e pensarem só em seus projetos", conclui a pesquisadora.

REFLITA

Assim como o sol derrete o gelo, a gentileza evapora mal entendidos, desconfianças e hostilidade.

ALBERT SCHWEITZER

41

CRIE ÂNCORAS DE GRATIDÃO

Quando sugeri que você tenha referências, falei sobre o quanto nos esquecemos do essencial. Agradecer também faz parte dessa lista! Sem gratidão, não se vai muito longe. Agradecer é reconhecer quem te ajudou, quem esteve ao seu lado nos momentos difíceis. É demonstrar sensibilidade e ser humilde e justo. Mas certamente não temos a agradecer somente pessoas; circunstâncias e oportunidades também não devem ficar de fora! Mas como não esquecer, diante de tantos compromissos e cobranças diárias? Como não sucumbir às pressões? Minha dica é para que você crie âncoras. Isto é, treine sua mente para, ao ouvir determinado som ou ver determinada imagem, você imediatamente se lembre de agradecer. Escolha, obviamente, sons e imagens que te inspirem, que te remetam a sensações agradáveis. Eu, agradecidamente, moro num lugar lindo, cheio de vida, cores, cheiros e sons muito gostosos. Por isso, minha âncora de gratidão é o som do canto dos pássaros. Enquanto trabalho, caminho ou simplesmente curto a minha casa, posso ouvir alguns mais expressivos. Treinei minha mente para, nesses momentos, agradecer. Não importa o que, importa que eu agradeça. Alguém, alguma coisa, a vida, enfim, nunca fiquei sem motivos para agradecer. E estou certa de que nunca ficarei! Crie a sua âncora o quanto antes!

REFLITA

Dois homens olham através das mesmas barras.
Um vê as barras; o outro, as estrelas.
FREDERICK LANGBRIDGE

42

PODE NÃO SER "O QUE", MAS "COMO" VOCÊ TEM FALADO

Muita gente não entende por que, mesmo falando, mesmo conversando, mesmo ouvindo o outro, não consegue superar uma crise. Não consegue se entender com determinada pessoa. Talvez – e convido você a refletir se esse for o seu caso – o problema não esteja no "o que" você tem falado, mas em "como" tem feito isso. Será que, sem se dar conta, seu tom de voz esteja sendo cínico? Será que você carrega um quê de prepotência? Talvez você fale como quem sempre tem razão? Talvez esteja se fazendo de vítima? Talvez pareça sempre bravo e intolerante? Talvez pareça estar zombando do outro? Não sei... Pense! Por que será que não tem dado certo?

Especialistas em comunicação são categóricos em afirmar que o bom comunicador é aquele que sabe se fazer entender. Ou seja, embora essa não seja a tarefa mais simples do mundo, com um pouco mais de disponibilidade e atenção, certamente é bastante possível. Faça ajustes de acordo com a escuta e o jeito do seu interlocutor. Pergunte ao outro o que é que tem feito de errado enquanto conversam. Ouça e aceite a crítica. Só assim poderá aprender e evoluir no seu processo de autoconhecimento.

REFLITA

A conversa é uma espécie de encanto, um quê insinuante e insidioso que propicia os segredos, tal como o amor ou a bebida.
SÊNECA

43

É PARA SATISFAZER UM CAPRICHO OU PARA RESOLVER?

O.k., você está brigando, discutindo, discordando. Tudo bem, você tem esse direito, mas antes de continuar esbravejando feito um descontrolado, que tal refletir: Para que você está investindo energia, tempo, voz e cortisol nessa briga? Qual seu objetivo? Você pretende sair como quem tem razão ou pretende resolver um problema? Está apenas aproveitando a situação para expurgar seu stress e sua neurose ou tem um objetivo claro? Se sua intenção é encontrar uma solução para que a discussão termine e os envolvidos fiquem bem, parabéns! Trata-se de um bom investimento. Porém, se sua atitude só vai servir para alimentar seu ego e satisfazer um capricho, pode acreditar, não vale o preço. Convido você a ler a próxima sugestão e refletir sobre ela. Estou certa de que se você se ama e se respeita, vai pensar duas vezes antes de comprar uma briga à toa da próxima vez. Sem contar que todos nós sabemos: brigas constantes e sem fundamentos, que não chegam a nenhum ponto positivo, desgastam e adoecem as relações. Ou seja, melhor prevenir do que mais tarde ter de remediar ou, pior, arrepender-se amargamente!

REFLITA

Lembre-se de que você não pode fazer nada de maravilhoso movido pela competição, nem nada de nobre movido pelo orgulho.

JOHN RUSKIN

44

FAZ MUITO BEM PRA SAÚDE

Por considerar muito óbvio que ser gentil faz bem à saúde, vou tentar mostrar como a falta de gentileza faz muito mal ao seu corpo e à sua psique. Posso começar citando que diversos estudiosos, especialistas e pesquisadores já relacionaram o aumento do risco de doenças cardiovasculares e também hipertensão a atitudes hostis e sentimentos não elaborados como a raiva, a ansiedade e a impaciência. Do que se tratam esses fatores senão de falta de gentileza? E tem mais! A grande maioria das doenças é propiciada pela ineficiência do sistema imunológico, e um dos maiores vilões, que atacam e fragilizam esse sistema, é um hormônio chamado cortisol. Produzido pela glândula suprarrenal, quando em excesso, o dito-cujo aumenta a pressão arterial e o açúcar do sangue, além de impedir a ação do sistema imune. E sabe com o que o cortisol está diretamente envolvido? Com o stress! Ou seja, ele entra em ação e sai causando estragos no organismo de quem vive estressado e irritado – características típicas dos não gentis. Este livro seria pequeno para relatar todos os males causados pelo excesso de cortisol, por isso, vou resumir essa história dizendo que, quanto mais gentil você for, quanto mais tranquilo se mantiver, mais equilibrado estará o nível de cortisol em seu organismo e mais forte o seu sistema imunológico e suas defesas contra as doenças.

REFLITA

*Eu tive orgulho e tenho por castigo
a vida inteira pra me arrepender.*
DOLORES DURAN

45

AH, TÁ! AGORA, IMITE UM GOLFINHO...

Você conhece alguém intolerante, mas muito intolerante? Tipo aquele personagem com tolerância zero, o Seu Saraiva, que era interpretado pelo brilhante ator Francisco Milani (1936-2005) no Zorra Total durante os anos 1990? Num programa de humor, a falta de tolerância é realmente cômica, mas já conviveu com alguém assim? É trágico, pode apostar! Complicado, cansativo e desgastante. Esse tipo de gente consegue sugar as boas energias de um ambiente e contaminar os desavisados e desatentos. Eu tenho uma amiga assim. No entanto, como eu já disse, todo mundo tem qualidades. Ela também tem! É capaz de zombar dela mesma e admite que precisa melhorar seu humor e cultivar a gentileza. Outro dia, me contou:

– Rô, eu estava conversando com um amigo na faculdade e dei uma daquelas minhas respostinhas, sabe?

Eu disse que sim. E sabia mesmo, já que eu também não era poupada das reações intolerantes dela! E ela continuou:

– Então, mas daí ele me disse: "Ah, tá... agora imita um golfinho!". Não entendi e perguntei: "Como assim imita um golfinho?". E ele respondeu: "Sim, porque cavalo você já tá imitando per-fei-ta-men-te!"

Se você anda imitando um cavalo muitas vezes, está na hora de mudar de bicho. E, de preferência, um que seja bem carinhoso...

REFLITA

A tolerância é a caridade da inteligência.
JULES LEMAÎTRE

46

SE O OUTRO NÃO QUISER...

Preciso advertir você: mesmo se tornando um exímio praticante de gentilezas, mesmo sendo persistente e justo, pode acontecer de alguém não se render e continuar lhe tratando grosserias e injustiças. E quer saber? Não há nada que você possa fazer, senão continuar agindo baseado em seus próprios valores e em suas próprias convicções. Porque é o seguinte: esse sujeito, assim como qualquer um de nós, só vai mudar de comportamento quando e se ele quiser. Caso contrário, nada nem ninguém conseguirão tirá-lo dessa triste e pobre dinâmica – que ele ainda acredita, equivocadamente, ser mais eficiente. Portanto, ser gentil não pode ser uma decisão vinculada à resolução de outra ou outras pessoas. Tem de ser uma decisão unicamente sua. E precisa ser mantida mesmo diante da falta de gentileza do outro, porque só assim faz sentido. Só assim pode (eu disse que pode, não que vai!) promover mudanças. Mas olha, provavelmente vai, sim! As pessoas, em geral, estão carentes de exemplos consistentes. Estão ávidas por uma chance, um convite, um lembrete. Ansiosas por alguém que insista um pouco mais e que lhes devolva a esperança de um mundo mais pacífico. Basta observar os "vendedores de sonhos". São destaques e são amados, como Barack Obama, primeiro presidente negro dos Estados Unidos e ganhador do Prêmio Nobel da Paz em 2009, que movimentou o mundo com sua promessa de ao menos tentar promover a paz e a união entre os povos. Acontecimentos como esses são uma pequena amostra do quanto não queremos guerra, e sim paz e amor! Gentileza!

REFLITA

Cada um que varra a sua porta. Se o mundo não ficar limpo, ficará menos sujo.

OTTO LARA RESENDE

47

BEM MAIS QUE EDUCAÇÃO

Repetir expressões como "bom dia", "com licença", "por favor" e "obrigado" é ótimo e muito bem-vindo. Se você já o faz, continue assim! Entretanto, preciso esclarecer: isso não é gentileza. É educação, ou melhor, são regras da boa convivência determinadas pela cultura na qual vivemos. A essência da gentileza é mais profunda. Gentileza tem a ver com um sentimento que você cultiva dentro de si. Tem que correr nas veias. Tem de ser por querer! E quando deixar de ser por querer, tem de fazer parte intrínseca de seus valores. Imagine que privilégio chegar o dia em que ser gentil será tão natural que você nem perceberá. Nem se esforçará. Só será, simples assim! Mas enquanto esse dia não chega, repito: ser educado não basta! Você precisa compreender e agir de acordo com uma escolha que precisará ser refeita e reafirmada dia após dia. Você será testado diariamente, vai até achar que estão de sacanagem. Só porque você leu um livro sobre gentileza, agora vão provocar para ver até onde você se mantém convictamente gentil. Pois aceite o desafio e não diga algo como "Ah, por favor, me deixem em paz!". Em vez disso, simplesmente continue firme. Sua postura vale mais do que qualquer palavra!

REFLITA

É fundamental diminuir a distância entre o que se diz e o que se faz, de tal forma que, num dado momento, a tua fala seja a tua prática.

PAULO FREIRE

48

ENTRE A GENTILEZA E A VERDADE...

Há algum tempo, eu certamente diria que você deveria ficar com a verdade. Porém, agora, minha resposta, ao ter de escolher entre a gentileza e a verdade, é "depende". Falar a verdade é, sem dúvida, tudo de bom e, quase sempre, inquestionável. Mas terminei aprendendo, ao longo da vida, que existem as verdades imprescindíveis e as verdades desnecessárias. Entre uma verdade imprescindível e uma gentileza, fique com a primeira e vá em frente! Mas entre uma verdade desnecessária e uma gentileza, pratique a gentileza, com certeza. Qual a diferença entre as imprescindíveis e as desnecessárias? As imprescindíveis dizem respeito aos fatos que, apesar de dolorosos e difíceis, ajudam muito na compreensão dos sentimentos e na escolha de caminhos e atitudes. Sim, porque é comum a gente se perder em "achismos" e terminar formatando percepções que não correspondem com a realidade. Algumas vezes, a gente acha que o outro sente ou pensa de determinada maneira, mas quando se abre para ouvir o que ele realmente sente e pensa, descobre que estava lidando com enganos e ilusões. Ou seja, a verdade é imprescindível nos casos em que somente ela pode nortear escolhas reais. Já as verdades desnecessárias são aquelas que nada acrescentam, que machucam o outro e não proporcionam evolução a ninguém. Ao contrário, causam dores e ressentimentos, servindo mais como alfinetadas do que facilitadoras na resolução de problemas e desentendimentos.

REFLITA

---

*A palavra é o meu domínio
sobre o mundo.*
CLARICE LISPECTOR

49

NÃO SE TRATA DE SER SANTO

Depois de ler tantas dicas de como ser gentil, se não estiver agindo de modo mais paciente e gentil, provavelmente estará ao menos refletindo sobre essa possibilidade. E talvez você imagine que alguém que consiga praticar tudo isso se colocará a caminho da canonização. Mas não é bem assim. Em primeiro lugar, devo deixar bem claro que todas essas sugestões podem parecer bastante simples, mas eu diria que, embora sejam mesmo bem simples, nem sempre são fáceis de ser praticadas, especialmente porque estou falando de situações em que as chances de se sentir irritado, confrontado e provocado são bastante grandes. Por isso, não pense que o intuito desta leitura é promover algum tipo de comportamento perfeito. Basta apenas uma dessas ações, uma vez ao dia, e certamente já estaremos construindo uma nova dinâmica no mundo. Ao seu redor, então, estará promovendo um ambiente mais harmonioso, com mais sintonia entre as pessoas e, sobretudo, disponibilidade para conciliar, conversar e encontrar soluções de um modo mais pacífico e produtivo para todos. Na verdade, o que estou tentando dizer é para que você, diante da decisão de praticar a gentileza, não seja tão exigente nem consigo mesmo e nem com as outras pessoas. Lembre-se de que cada um tem o seu ritmo, os seus traumas, as suas defesas. Cada um tem as suas crenças limitantes, inclusive você. E talvez precisem de algum tempo até compreender que vale muito a pena tentar e confiar um pouquinho mais na tentativa do outro. Afinal, embora a santidade não seja o objetivo, durante o caminho para qualquer lugar semelhante, muitos milagres haverão de acontecer!

REFLITA

Adoramos a perfeição, porque não a podemos ter; repugná-la-íamos, se a tivéssemos. O perfeito é desumano, porque o humano é imperfeito.

FERNANDO PESSOA

50

COMPLICAR É FÁCIL, DIFÍCIL É SIMPLIFICAR

Parece brincadeira, mas é isso mesmo, você não leu errado! Deveria ser mais fácil descomplicar, mas nós temos algum gosto curioso pela dificuldade. É o tal do "óbvio ululante", expressão imortalizada por Nelson Rodrigues e usada para se referir a algo extremamente claro e evidente, mas que, talvez até por isso mesmo, ninguém vê. Algo nos incomoda na relação com alguém, seja o parceiro amoroso, o chefe ou um amigo e, em vez de chamarmos a pessoa para uma conversa e falarmos exatamente o que estamos sentindo e pensando, preferimos complicar. Fechamos a cara, passamos a responder com grosserias, ficamos com raiva e não resolvemos nada. Mais absurdo ainda são aquelas pessoas que, quando questionadas sobre o que se passa, respondem com a cara mais patética do mundo: "Nada!". Poxa, se não tem nada mesmo, por que está com essa cara? E se tem, por que não fala? Seria bem mais fácil e simples resolver pendências com clareza, conversa e respeito do que com silêncios enlouquecedores e agressividades encobridoras. Só pioramos a situação e alimentamos vários sentimentos ruins, tanto em nós mesmos quanto no outro, que certamente não ficará feliz com a nossa reação e, muitas vezes, sem nem saber por que estamos agindo assim. Simplifique sua vida e suas relações e demonstre um alto nível de gentileza apenas sendo claro, objetivo, indo direto ao ponto com o intuito de resolver o que não está bom! Não lhe parece o óbvio ululante?

REFLITA

Tornar o simples complicado é fácil. Tornar o complicado simples, isto é criatividade.
CHARLES MINGUS

51

VOCÊ INFLUENCIA PELO MENOS CINCO PESSOAS

Existe uma teoria divulgada por Jim Rohn, que foi um brilhante empreendedor, autor e palestrante motivacional americano, que afirma que cada pessoa influencia diretamente cinco outras ao seu redor. Da mesma forma, somos influenciados pelas pessoas que nos cercam. Indiretamente, é impossível prever até onde pode chegar nossa influência. Isso significa que se você for gentil, pelo menos cinco pessoas podem se sentir bem, melhorar o humor, fazer escolhas mais positivas, ganhar uma nova impressão das pessoas, mudar uma crença limitante para edificante, fazer uma boa ação, enfim, infinitas ótimas possibilidades podem surgir só com a sua atitude. Porém, da mesma forma que uma atitude gentil pode render tudo isso, uma atitude não gentil pode provocar uma série de falta de gentilezas por aí. Você pode atingir pessoas despreparadas para lidar com a agressividade e provocar nelas reações, como descontar em alguém que não tem nada a ver com a situação. Além disso, essa teoria reforça uma outra de que você se torna a média das pessoas com as quais passa mais tempo. Quem são essas pessoas? Olhe para elas, porque é assim que você vai parecer no futuro. No mais, de que modo você tem contribuído para que as pessoas com quem você convive sejam inspiradas a terem atitudes de gentileza? Lembre-se: você pode fazer toda a diferença na vida de, pelo menos, cinco pessoas!

REFLITA

Eu sou o que me cerca. Se eu não preservar o que me cerca, eu não me preservo.
JOSÉ ORTEGA Y GASSET

5 gestos corporativos extras

NÃO PODE TER A VER COM HIERARQUIA

Por mais absurdo que pareça para alguns, muitas pessoas sequer concordaram com o fato de que a gentileza pode (e deve) ser praticada com qualquer manifestação de vida, incluindo as plantas e os animais. Tal equívoco fica facilmente evidenciado quando observamos o comportamento de certos profissionais no que se refere ao modo como tratam aqueles que estão acima deles na hierarquia e aqueles que estão abaixo. Como se fosse privilégio dos superiores, eles se esquecem até de praticar a educação com faxineiras, copeiras, entregadores, recepcionistas, porteiros, entre outros. Dessa forma, o que deveria ser característica positiva num perfil profissional, termina se tornando um ato vergonhoso e motivo para desafetos e até demissões. Porque de nada adiante ser educado e gentil com o chefe se com seus colegas e equipe um "bom dia", "por favor" ou "muito obrigado" são dispensados.

REFLITA

O desprezo é açoite que vive surrando a cordialidade, é pouco caso do descaso com a gentileza, repulsa que pulsa covardia... Vingança inaceitável.

MARCO ANTONIO ALVARENGA

PENSE NA SUA SAÚDE MENTAL E FINANCEIRA

Embora algumas pessoas ainda não tenham se dado conta, é no ambiente de trabalho que elas passam a maior parte de suas vidas. Só por essa razão, já seria extremamente fácil compreender a importância de manter esse lugar o mais agradável, humanizado e acolhedor possível. E é justamente por isso não acontecer em muitas empresas que o número de colaboradores que se afastam do trabalho por estarem sofrendo de alguma disfunção emocional, tais como ansiedade, depressão e stress, vem aumentando de forma assustadora a cada ano. A agência B2Mídia, que cuida da comunicação de diversas instituições, aproveitou o Dia Mundial da Gentileza, comemorado todo 13 de novembro, para reforçar algumas ações simples que podem fazer toda a diferença no cenário corporativo, tais como olhar para a pessoa com quem você está falando em vez de mexer no celular, ouvir com atenção o seu interlocutor, agradecer pelos pequenos gestos e atitudes positivas, parabenizar um colega por suas conquistas, ensinar alguma competência, mostrando disponibilidade e cooperação, usar as "palavras mágicas" com frequência, como "com licença", "por favor" e "obrigado", além de "bom dia", é claro!

REFLITA

---

*Ninguém é tão grande que não possa aprender
e nem tão pequeno que não possa ensinar.*
ESOPO

ADMIRÁVEL É SER AUTÊNTICO

Em tempos de redes sociais, em que a ordem se tornou a de sustentar as aparências, nada mais admirável do que a autenticidade. Estou falando de transparência na comunicação, exposição de pontos de vista com respeito e firmeza e, sobretudo, ser confiável e discreto. Para as empresas que buscam alcançar o sucesso a longo prazo, esta tem sido a busca: pessoas autênticas, que trabalham pela missão, que vestem a camisa e não estão ali como meras fazedoras, mas sim como agentes de transformação do mundo. E não importa qual seja o cargo ou o título de cada um, porque toda competência precisa se mostrar gentil e colaborativa com todo o restante das engrenagens que fazem a corporação funcionar. Só assim o triângulo empresa-empresário-colaborador pode se sustentar.

REFLITA

Você não precisa deixar de ser autêntico para ser gentil. A gentileza é a base da empatia e, normalmente, ninguém cria empatia com pessoas grosseiras.

MAURA DE ALBANESI

ATRAIA E RETENHA GRANDES TALENTOS

Profissionais que realmente têm talento estão cada vez mais disputados no mercado, entre as empresa que podem sustentá-los. Mas não é necessariamente de dinheiro que estou falando e, sim, de gentileza. Independentemente do tamanho de uma empresa ou do salário oferecido, os verdadeiros talentosos buscam um ambiente onde possam se desenvolver de várias formas diferentes, e isso inclui os relacionamentos que mantêm com seus pares e seus líderes. Luiz Marins, palestrante, autor e comentarista empresarial e de negócios, diz que a maneira mais prática e imediata de melhorar o ambiente de trabalho é desenvolver nas pessoas a gentileza. "Vejo empresas em que os colaboradores não se respeitam. Gritam uns com os outros. Falam mal de clientes, fornecedores e mesmo das chefias. Não cuidam da limpeza dos sanitários. A copa é suja e mal arrumada. As mesas entulhadas. A gentileza, tomada em seu sentido mais amplo, significa respeito às pessoas, não só no modo de falar e agir, mas no cuidado com o ambiente. Num ambiente desprovido de gentileza, não pode haver prazer no trabalho. E trabalhar sem prazer é uma quase servidão", conclui o especialista.[1]

REFLITA

Nós estamos trabalhando com o desenvolvimento de cidadãos brasileiros, é um dever moral nosso estar atento à gentileza e à decência.
TOM PETERS

PRODUZA COMBUSTÍVEL
PARA UMA GRANDE IDEIA

A gentileza é uma das melhores amigas da inspiração. Quando estamos no clima de fazer o bem, nosso cérebro se torna receptivo e flexível, abrindo espaço para ousarmos e arriscarmos a pensar e fazer coisas que, quando irritados ou sisudos, não permitimos. Luiz Gaziri, autor do livro *A ciência da felicidade*, destaca em sua obra: "Pequenas ações de gentileza são micromomentos de felicidade que você pode gerar e que podem, mais tarde, se tornar o combustível que o fará ter uma grande ideia para um novo projeto em sua empresa, para encontrar a solução a uma negociação difícil que vem se arrastando por meses ou para superar um momento pessoal delicado. E esses benefícios não atingem apenas você – cada pessoa tocada pela sua gentileza também pode alcançar resultados similares. Esse é o tipo de comportamento ganha-ganha! Lembre-se de que viver emoções positivas ajuda na expansão e construção do seu cérebro". Portanto, investir nos atos de gentileza é investir na expansão de sua capacidade de criar e fazer a sua arte acontecer no mundo!

REFLITA

A criatividade é o poder de conectar o aparentemente desconectado.
WILLIAM PLOMER

CONCLUSÃO

E ao chegar ao fim da leitura de uma proposta tão pontual – a de praticar a gentileza no exato instante em que esse for o seu último desejo – estou certa de que você já entendeu quão grande é o poder que tem em mãos. Ou melhor, em mente e, principalmente, no âmago de seu ser.

A questão se trata justamente de ressignificar a matemática das atitudes. Uma nova lei acaba de ser instalada dentro de você. Agora, em vez de "pagar na mesma moeda", você tem condições de pagar com o que tem de mais precioso – a consciência de que pode criar um novo final para o habitual desastroso jeito de se relacionar.

A máxima diz que gentileza gera gentileza, assim como falta de gentileza gera falta de gentileza. Tem a ver com a "teoria do caos", que diz que a batida das asas de uma borboleta em Nova Iorque pode causar um tufão em Tóquio. Ou ainda com a lei da ação e reação de Isaac Newton. Matemático.

Mas será? Será que somos apenas números de uma grande equação cujo resultado já está previsto e é definitivo? Não! Certamente, não! Antes, tem a ver com o lugar em que você se coloca dentro da teoria que constrói para a sua história. Tem a ver, sobretudo, com a amplitude com que você enxerga sua função dentro da grande engrenagem que faz o mundo girar.

Acabamos de constatar em cada página deste livro, por meio de estudos, pesquisas e provas científicas, que o poder da gentileza está para além de leis que simplificam as possibilidades, para além de teorias que reduzem quem somos a meros reprodutores dos resultados preestabelecidos.

A verdade é que cada um decide o que a batida de suas asas vai provocar no seu particular e essencial Universo. É o seu ato que vai ditar o que você gera no seu mundo e no mundo das pessoas com quem convive, a despeito do que elas têm conseguido gerar no seu mundo.

Porque agora você sabe que, na maioria das vezes, basta uma delicada mudança na forma de reagir para despertar primeiro em si e depois, talvez cumprindo a promessa humana, também no outro um sem-fim de possibilidades: incontáveis espectros de um encontro muito mais inspirador e emocionante.

Porque agora você sente, sobretudo, que basta um aparentemente despretensioso ato de gentileza para que você gere, na grande maioria das vezes, um ou dois ou muitos outros atos de gentileza.

Porque ainda que tão árido pareça o chão, ainda que tão pequeno pareça o poder de um só, feito efeito dominó, você é capaz de desencadear não um tufão, mas uma revolução do bem e para um bem inimaginável.

E é assim que, uma hora ou outra, um a um, terminaremos compreendendo que são esses os atos que nutrem a mágica corrente de amor que faz a vida insistir, superar-se e florir.

NOTAS

INTRODUÇÃO

1. A pesquisa está disponível (em inglês) no site da autora: http://sonjalyubomirsky.com

2. A pesquisa apareceu na reportagem do portal de notícias G1. Disponível em: http://g1.globo.com/ciencia-e-saude/noticia/2011/11/gentileza-teria-fundamentos-geneticos-sugere-estudo-americano.html

3. A pesquisa pode ser consultada no seguinte endereço: https://money.usnews.com/

4. A pesquisa na íntegra pode ser consultada no seguinte endereço: http://ead2.fgv.br/ls5/centro_rec/docs/praticas_recrutamento_selecao_empresas.pdf

5. A reportagem completa pode ser lida aqui: exame.abril.com.br/carreira/4-motivos-que-costumam-causar-demissoes/

6. Mais informações em: https://fagv.com.br/blog/2013/07/15/87-das-pessoas-sao-demitidas-por-problemas-comportamentais/

7. Aqui está o artigo na íntegra: http://mte.jusbrasil.com.br/noticias/636227288/transtornos-mentais-e-comportamentais-afastaram-178-mil-pessoas-do-trabalho-em-2017

8. Mais informações em: https://valor.globo.com/legislacao/noticia/2019/10/28/transtorno-mental-e-principal-causa-de-afastamento-do-trabalho.ghtml

9. Mais informações em: https://valor.globo.com/legislacao/noticia/2019/10/28/transtorno-mental-e-principal-causa-de-afastamento-do-trabalho.ghtml

10. Mais informações em: https://valor.globo.com/legislacao/noticia /2019/10/28/transtorno-mental-e-principal-causa-de-afastamento-do-trabalho.ghtml

11 http://www.movimentopelagentileza.org.br

12 http://www.worldkindness.org.sg

GESTOS
1 Brené Brown: *The Call to Courage*: Sandra Restrepo, 2019

2 Fonte: https://exame.abril.com.br/carreira/esta-pesquisa-pode-convencer-voce-a-ser-mais-gentil/

5 GESTOS CORPORATIVOS EXTRAS
1 https://www.anthropos.com.br/ artigos-do-prof-marins-e-textos - dos-programas-de-tv/332-a-gentileza-no-ambiente-de-trabalho.html

FOTO: JOSI DUARTE

Rosana Braga nasceu em São Paulo, em dezembro de 1972. É formada em jornalismo e psicologia, e pós-graduada em Educação Sexual. Reconhecida como uma das maiores especialistas em Relacionamento e Autoestima do país, a autora desenvolve um trabalho inspirador e eficaz, promovendo mudanças efetivas na vida de centenas de pessoas e casais. É autora de vários livros, dentre eles *Outono na Grécia*, também publicado pela Buzz Editora.

FONTE Silva
PAPEL Pólen Bold 90 g/m²
IMPRESSÃO Geográfica